Premio de Teatro Rafael Dieste
2009

0'7% Molotov

de

SANTIAGO CORTEGOSO

Edición bilingüe galego-castellano

Estudio preliminar de Manuel F. Vieites

PUBLICACIONES DE LA ASOCIACIÓN DE
DIRECTORAS Y DIRECTORES DE ESCENA DE ESPAÑA

PUBLICACIONES DE LA ASOCIACIÓN DE
DIRECTORAS Y DIRECTORES DE ESCENA DE ESPAÑA

Directores editoriales: Carlos Rodríguez Alonso y Manuel F. Vieites

Primera edición: Noviembre, 2025

Publicaciones de la ADE
Serie: Premios de Teatro Rafael Dieste Nº 15

Paseo del Rey, 10, bajo A. 28008 Madrid (España)
http:// www.adeteatro.com
correo electrónico: redaccion@adeteatro.com

Diseño: Tomás Adrián.
ISBN: 978-84-17189-67-9
Depósito legal: M-23813-2025
Imprime: Safekat S.L.
Impreso en España

*Este libro se realiza con la colaboración
de la Deputación da Coruña*

Premio de Teatro Rafael Dieste
2009

0'7% Molotov

de

SANTIAGO CORTEGOSO

Edición bilingüe galego-castellano

Estudio preliminar de Manuel F. Vieites

Estampas de la vida doméstica

Por Manuel F. Vieites

*Earth, stream and tree encircled by sea
Waves sweep the sand from my island...*

P. J. Sinfield, *Islands*, King Crimson (1971)

Una parte importante de la historiografía literaria más reciente, al menos en Galicia, presta atención esmerada y potencia con interés especial aquellas tendencias en creación dramática que más se avienen con el paradigma postmoderno, también dicho y con muy poca perspectiva científica, "postdramático", aunque no olvida reforzar, con buen criterio, la mirada de género, pues no solo contamos con un elevado número de autoras que se afanan en la literatura dramática, sino que algunas manifiestan una clara voluntad feminista. En medio, en un territorio (in)cierto, habitado pero tenido por tierra de nadie, quedan autores y autoras que se empeñan en escribir buenos textos siguiendo las viejas preceptivas y primando en no pocas ocasiones y en una dirección contraria a la tendencia dominante, la variable del contenido, bien lejos de no pocas florituras formales (aunque haya quien experimente con la forma con mucho sentido y muy buenos resultados). Incluso algunos, cuando intentamos ofrecer una panorámica lo más completa posible, con nuestras limitaciones y capacidades, no acertamos a mostrar toda la diversidad del campo. Y no decimos riqueza porque en Galicia, como en todo el Estado, se publica mucho y no siempre con criterio, pues falta una cierta contención por parte de autores y autoras, que parecen incapaces de un mínimo ejercicio de autocrítica. Entre las voces que dejamos fuera en un reciente recuento de nuestra dramática que presentamos en el número 179 de *ADE/Teatro*, podemos citar a Santiago Cortegoso, y no fue la única, insisto, que hay otras autoras y autores con una trayectoria más que contrastada que además no cuentan siquiera con un primer ensayo centrado en los aspectos básicos de su obra.

9

Bien es cierto que algunos textos han sido objeto de recensión crítica gracias a la lectura de especialistas como Armando Requeixo (armandorequeixo.wordpress.com) o Lara Rozados. Y de igual modo los espectáculos armados con sus textos fueron analizados en diversos medios (*Revista Galega de Teatro*, *Erregueté*, *Artezblai*, *Grial*, *Tempos Novos*, *Radio Galega*, *El País*...) por voces bien autorizadas (Inma López Silva, Camilo Franco, Roberto Pascual, Alfonso Becerra, Manuel Xestoso, Javier Vallejo...), como se documenta en la página web de la compañía (ibuprofenoteatro.com), y en ocasiones en esas crónicas se consideran aspectos de la obra que sirve como pretexto en cada propuesta escénica. Con todo, faltan estudios generales, con un carácter siquiera preliminar o de simple introducción, que, más allá de la referencia concreta a un texto o un espectáculo, sirvan de base o inciten otros de mayor entidad y con diferente desarrollo (que su obra ya merece y espera). Es esa una losa (de silencio e invisibilidad) que pesa sobre una buena parte de la autoría dramática, especialmente la más contemporánea, por próxima en el tiempo, lo cual es un indicador del estado deficiente de desarrollo de los estudios centrados en la literatura dramática.

Se trata de un vacío que esta colección, con estas presentaciones, quiere paliar, y en esa dirección lo que sigue es una panorámica general de una parte de la obra de Cortegoso, esencialmente la publicada y disponible, y una breve aproximación al texto premiado en 2009 en el Premio Rafael Dieste, que convoca la Diputación de A Coruña. En la edición que realiza en 2010 la citada institución provincial, la obra iba precedida de un "Prólogo" debido al profesor Manuel García Martínez, en el que este destacaba no solo la riqueza de registros que ya proponía la obra de Cortegoso en aquel momento, sino su apuesta por una nueva forma de escribir textos políticos y hacer teatro político, poniendo el foco en las acciones y posiciones personales, en la interacción en el nivel micro, justo allí donde Harold Pinter afirmó que su dramática era profundamente política. Porque lo político también habita, muy especialmente, en lo doméstico, allí donde unos discursos se desvanecen y emergen otros. Y por aquí ya aparece una de las características formales más acusada en la dramática de Cortegoso, pues la mayoría de sus obras asientan en situaciones y conflictos que recrean interacciones de díadas o tríadas en su dimensión más cotidiana, con las excepciones que se dirán. La mayoría de tales situaciones y conflictos, en esa dimensión micro, se sitúan en ese espacio-tiempo de carácter privado, lejos de (o evitando) la esfera pública, cuando los otros son ausencia (aunque su presencia siempre acabe por filtrarse); ocurren allí donde se dan las interacciones más básicas, cara a cara, y las caretas que ocultan, protegen o desdibujan la máscara habitual del YO son más difíciles de sostener y/o soportar.

Diremos drama doméstico (y político), pero no teatro por razones evidentes. En efecto, analizamos aquí textos y no espectáculos, aunque se ha de decir que la mayoría de los textos fueron estrenados, pero son dos objetos de estudio que cabe diferenciar, por muchas relaciones que podamos establecer entre ambos. Presentamos textos en sus aspectos básicos, destacando algunas características que consideramos relevantes en lo formal y en sus contenidos e intentando mostrar que en la obra de Cortegoso, incluso cuando se ocupa en versiones muy libres de textos ajenos (Homero o Shakespeare), hay rasgos recurrentes, en realidad un modo muy especial de considerar la dimensión dramática de la situación y el conflicto, y en todo ello la acción, que suele emerger de un juego de estímulo-respuesta diádico, ojo a ojo, boca a boca, oreja a oreja, cuerpo a cuerpo. Por lo anterior, y a diferencia de lo que cabe proponer en otros estudios con idéntica finalidad, es difícil establecer una taxonomía, aunque cabría diferenciar entre textos que recrean una interacción diádica (a veces triádica) y los que presentan una interacción colectiva, si bien en estos casos (*Casa O'Rei*, *Smoke on the Water*, *O charco de Ulises*, *Raclette*), la diádica es dominante, como en la vida.

Aspectos generales

Nacido en Domaio (Moaña, Pontevedra) en 1974, estudió Ciencias Políticas en la Universidad de Santiago de Compostela, y como otras personas en la misma franja de edad y formación académica inicia su actividad teatral en colectivos de teatro escolar o aficionado y en los talleres de teatro universitario, para después colaborar como actor en compañías profesionales como Teatro de Ningures, A Fac-

11

toría Teatro o Teatro do Morcego. En 2010 crea, con Marián Bañobre, la compañía Ibuprofeno Teatro, con la que desarrolla su trayectoria como autor dramático y director de escena, aunque también colabora con otras compañías en esos dos ámbitos. Para la realización del presente estudio proponemos un listado provisional de su obra[1], indicando año de composición aproximada declarada por él mismo (C), de edición (P) y de estreno (E), un corpus que será el que se analice, someramente, en esta presentación, dejando para el final el texto que se ahora edita en versión bilingüe del propio Cortegoso. No incluimos otros textos escritos para compañías como Teatro de Ningures o Disque Danza en tanto, hasta donde sabemos, no han sido publicados.

C	Título	P	E
2007	*Hámster*	2009	2009
2008	*Casa O'Rei*	2010	2018
2009	*0'7 % Molotov*	2009	2011
2010	*A filla de Woody Allen*	2016	2010
2010	*O charco de Ulises*[2]	2020	2021
2011	*Smoke on the Water*	2022	2022
2012	*Pequenos actos pseudorrevolucionarios*	2016	2012
2012	*Paus de cego*	2012	----
2012	*Intercom-baby*[3]	2012	2012
2014	*Raclette*	2015	2016
2015	*O Furancho*	2016	2015
2017	*Desconexión*	----	2017
2019	*O ronco do carneiro*	2019	----
2020	*O mel non caduca*	2022	2020

Tabla 1. Textos del autor analizados. Elaboración propia.

---

[1] Parte de la información que se aporta fue obtenida en la página personal del autor en el portal Contexto Teatral (contextoteatral.es).
[2] Escrita inicialmente en castellano, contando con una ayuda a la creación de IBERESCENA. Se publicó como *La charca de Ulises* en la colección Artezblai en 2010.
[3] Escrita en colaboración con Marián Bañobre.

Además de diversas nominaciones y/o galardones en los premios María Casares o en los Max (y en otros), en el ámbito estrictamente literario obtuvo el Premio Rafael Dieste en 2009 por el texto que presentamos, y en 2014 el Álvaro Cunqueiro por *Raclette*, dos reconocimientos importantes en el ámbito de la creación dramática en lengua gallega, y hubo otros, insistimos. Todo lo cual viene a significar que es un autor reconocido y a estas alturas plenamente instalado en nuestro sistema literario (y en el teatral, pero esa es otra Historia).

A la hora de abordar su obra en una perspectiva analítica, además de lo ya dicho, hay algunos hechos que llaman la atención. En primer lugar, la apuesta por un realismo crítico, desde el que recrea situaciones cotidianas fácilmente reconocibles; a continuación, cabría subrayar una notable complejidad temática, pues en sus textos se entrecruzan motivos diversos que remiten a problemáticas muy variadas. En tercer lugar, toda su obra rezuma una marcada intencionalidad política, especialmente en el nivel micro, siempre tamizada por una mirada sumamente irónica y sarcástica ante determinadas posiciones (como la hipocresía de los "postureos alternativos" [Cortegoso, 2015, p. 15]), o ante "poses" supuestamente políticas, y tal vez por eso en sus textos, de forma transversal, asoman diversos actos aparentemente revolucionarios, que el dramaturgo empírico acompaña del prefijo "pseudo" (tal vez queriendo decir "falso", "a medias" o "cuasi"), como se verá. En esa dirección, también se deja sentir, de forma igualmente transversal, una crítica soterrada o abierta al modo en que la mayoría vive su "(in)confortable" normalidad, domesticada y domestizada. Finalmente, sin agotar los que puedan ser rasgos distintivos de su propuesta dramática, se constata un creciente interés por cuestiones ecológicas, que se manifiesta a veces en la recreación de procesos de retorno al mundo rural, que también considera desde una perspectiva crítica y a veces especialmente cáustica.

No deja de ser una coincidencia que *Hámster* se publique y estrene en 2009, si recordamos que un 19 de enero de ese mismo año Peter Seeger cantaba con Bruce Springsteen la canción de Woodie Guthrie, *This Land is Your Land*, en Washington, con la estatua de

Lincoln a sus espaldas y ante un auditorio especialmente participativo, celebrando la llegada a la Presidencia de Barack Obama. En el mismo año, un numeroso grupo de artistas tributó un homenaje a Seeger en el Madison Square Garden, en el que Billy Bragg entonó *a capella* una versión de *La Internacional*, con una letra actualizada del propio Seeger, aquel que en 1962 presentaba una canción de Malvina Reynolds, titulada *Little Boxes*, en un disco en el que incluía un conjunto de lo que denominaba "topical songs". Y lo que Cortegoso traslada en algunas de sus obras, comenzando por *Hámster*, son, justamente, vidas tópicas, con situaciones, personajes y conflictos igualmente tópicos, que retratan una condición humana tópica de forma inequívoca y con valor universal; aunque algunas vidas, en un momento concreto, por arte del azar y/o de la ca(u)s(u)alidad, tomen derivas inesperadas y entonces asoma el caos, y otras miradas y posiciones a/ante lo real.

En el prólogo que antecede un volumen que recoge un conjunto de tres textos, siendo el primero *A filla de Woody Allen*, Cortegoso presenta una especie de "autopoética" mínima, comentando algunas cuestiones de especial interés para nuestro relato. Allí deja escrito que la línea directriz de su compañía consiste en generar un lenguaje propio "para tratar los temas clave del individuo contemporáneo", recreando situaciones y personajes "que buscan su identidad y realización individual en un contexto globalizado y complejo, que los condiciona y lleva a situaciones absurdas y cargadas de un humor ácido y sarcástico" (2016, p. 7). Señala dos vías fundamentales en su proceso creativo; aquel que acomete en la soledad del estudio, y sin un plan de producción previo, y el que desarrolla durante el proceso de creación de un espectáculo, cuando actúa como poeta de compañía y recoge en su reelaboración de materiales todo aquello que se genera en las improvisaciones de actrices y actores, en los ensayos y en otras probaturas. La referencia en el título del texto antes citado a un conocido cómico americano, que en sus primeras películas recrea problemas de convivencia diaria en el ámbito doméstico y en la interacción diádica, viene a reforzar esa idea indicada en el título de esta presentación sobre una de las orientaciones principales de su obra, cual es la exploración de lo doméstico, allí donde más domesticables somos y donde a veces cabe invocar una rebelión que se torna falsa o pseudo.

Una panorámica breve

La visión tópica de la existencia humana, con la imagen de innúmeras cajitas llenas de seres seriados, ya emerge en *Hámster*, un texto primerizo que recupera el viejo recurso de mostrar la vida humana, con todas sus problemáticas, desde la perspectiva de animales humanizados, como ya hacía Aristófanes, y seguramente otros antes que él, si pensamos en mitologías y leyendas muy diversas. Pero también parte de la idea de que la vida de la gente común es un espectáculo, que los demás contemplan con fruición, como ya señalaba Nikolai Evreinov hace tanto, siendo además el ser humano, en su vida diaria, objeto deseado de exposición, contemplación y comentario, dado que la rutina se convierte en espectáculo, como muestran tantos programas de televisión asentados en eso que llaman "telerrealidad". También asoma con fuerza la que será una situación dramática básica en toda su obra, la interacción entre Ella y Él, una diada que en ocasiones da lugar a tríadas y a diferentes juegos, pues el cortejo o las relaciones de pareja ocupan un lugar importante en su dramática, y de ellas emergen otros muchos temas igualmente relevantes. En *Hámster* también aparece un elemento formal que se repite en otros textos, de forma total o parcial, pues el diálogo convencional (1), que supone una visión más objetiva de la interacción, se mezcla con el monólogo (2), y su deriva subjetiva, y con una especie de diálogo proclama (3), a veces diálogo confrontación, en el que los sujetos participan en un juego de enunciación con frases diversas y dispares, unas veces desde la contraposición y otras en la complicidad.

La primera acotación del texto, en la que se define la identidad de la pareja Él-Ella, también dibuja un cronotopo (contexto espacio temporal) en el que dominan las rutinas de todas las horas y es recurrente en otros textos. La obra se divide en tres escenas (Identidad, Carnaval, Integración), con 8, 3 y 7 microescenas respectivamente, y en ellas asoma otro rasgo habitual en sus textos, cual es la contraposición entre la acomodación a la realidad y el anhelo de libertad. Frente a la domestización de la vida diaria, lo que implica cosificación y domesticación, cabe plantear la rebelión, aunque normalmente termine en pseudo-revuelta. El título, con su invocación a un roedor que en tantas ocasiones se convierte más en mascota que en animal de compañía, no deja de ser una visión crítica del modo en que se puede llegar a seriar la vida humana, con individuos encerrados en pequeñas cajas, atrapados en artilugios que operan como jaulas. Hay una dicotomía entre un aquí que puede ser opresivo, o fuente de seguridad, y un allá que implica un tiempo mejor y una liberación, lo que implica una visión de la vida desde las posiciones contrapuestas comentadas (realidad, distopia y utopía).

La vida doméstica en unas ocasiones emerge en un entorno abstracto, en el que los espacios se sugieren con la palabra, y en otras se enmarca en un entorno hiperrealista, como pueda ser el caso de *Casa O'Rei*. Un texto definido como "tragicomedia gastronómica", que por veces parece "gastrofarsa" o "gastrodrama", que recrea la caída de un viejo restaurante de pueblo, con una carta asentada en una cocina de base tradicional, lo que también supone una mirada sarcástica a las modas en el campo de la restauración (gastronómica) y a las nuevas jergas que emergen en su descripción y concreción. Desde el primer momento se percibe que se trata de una versión del tópico dominante en *King Lear* de Shakespeare, aquel que recrea la mala cabeza de un anciano y las diferentes peripecias que asolan las vidas de sus hijas, que son tres y una de ellas también se llama Cordelia, la más joven y la más querida, aunque la más sincera, si bien aquí esté especialmente empoderada y con agenda propia. La acción se sitúa en una "casa de comidas" en la que Manolo es el Rey de un negocio que va perdiendo mucho fuelle y clientes, pues el producto ya no es lo que fue. Ambientada en una atmósfera naturalista, con cocidos, caldos, reducciones de tocino e infusiones tóxicas, las miserias de la condición humana (poder, dominación, avaricia, hipocresía, intolerancia, indolencia...) van asomando con fuerza y convirtiendo la vida diaria de los más en un auténtico infierno, del que solo cabe escapar abandonando la Casa, como si se tratase de un lugar maldito, que devora a sus habitantes. De igual modo, se plantea una mirada crítica a la denominada comida basura, propia de centros comerciales y áreas de ocio familiar.

En ocasiones el autor escribe para proyectos escénicos concretos, con un elenco ya determinado, lo que implica hacerlo en función de las posibilidades expresivas de las personas que lo integran, muy notablemente cuando estas tienen determinadas capacidades en el campo de la comicidad, y aprovechando sus filias y fobias en lo artístico y lo personal. Tal es el caso de las piezas tituladas *A filla de Woody Allen*, escrita para y con Marián Bañobre, y *O Furancho*, escrita con esta última y con Isabel Risco. La primera recrea el viaje a Nueva York de una mujer que parece poseer todos los rasgos que mejor definen a su padre y que Cortegoso enumera en la presentación, como puedan ser "nerviosismo", "aceleración del cerebro", "carácter hipocondríaco", "comparaciones disparatadas" o "expresión de lo más trágico en forma cómica" (2016, p. 11). La tal Hija viaja en barco, por miedo al avión, y desde el primer momento, el viaje físico supone una activación de un viaje interior en busca de la identidad, pero también la manifestación de miedos, temores o manías con los que se relaciona con su entorno, y consigo misma. Como en otros textos de Cortegoso, la música juega un papel importante en tanto permite crear atmósferas y generar los estados de ánimo, y oportunidades de baile, de una mujer anónima, bailarina frustrada y con unos treinta años, que busca de forma compulsiva la felicidad.

O Furancho fue un espectáculo creado inicialmente para la celebración de la gala de los premios María Casares (que anualmente organiza la Asociación de Actores y Actrices de Galicia) en su edición de 2014, y se conformaba con un conjunto de breves escenas que se sucedían a lo largo del evento. Sería recuperado en 2015, revisado y ampliado, aunque con un formato similar, y en su esencia define algunos aspectos de la dramática de Cortegoso, muy especialmente su vena crítica, pero también la pluralidad de motivos y conflictos. Según el *Diccionario* en línea de la Real Academia Galega, y en nuestra traducción, un "furancho" es un "local situado en el bajo de una casa o en una pequeña bodega donde se vende el vino excedente de la cosecha y en el que también se sirve comida o la llevan los clientes", y habitualmente el local se anuncia mediante una rama generosa de laurel que se coloca a modo de bandera en un lugar destacado de su fachada o en el cierre exterior del recinto, aunque normalmente por encima de la puerta. Se trata de una tradición muy asentada en algunas zonas de Galicia, pero también presente en otros países europeos. De una forma explícita e implícita, el "furancho", y las vicisitudes de las dos emprendedoras que lo ponen en marcha, acaba por ser una poderosa metáfora de la situación y perspectivas del teatro en Galicia y de las diversas inestabilidades que afectan a un campo profesional por desarrollar plenamente, aunque en sus diálogos, monólogos y proclamas se muestran las muchas precariedades y carencias del propio país, pues el estado de lo teatral podría servir para describir lo que ocurre con todos esos servicios públicos que día a día se reducen o desaparecen (y todo con nuestro dinero y supuestamente para nuestro beneficio). En la ideación del artilugio dramático se percibe una crítica soterrada a la solemnidad, la elegancia sublimada, el glamour, la alfombra roja, los trajes de gala, el modelito, y todo aquello de lo que en apariencia o con la boca grande tantas personas reniegan, y que en el fondo y con la boca pequeña tantas desean.

Esa misma mirada crítica y sarcástica asoma en la obra *Pequenos actos pseudorrevolucionarios*, que cuenta con un subtítulo significativo, "que no sirven para cambiar el mundo pero que hacen que nos quedemos más tranquilos", y determina el alcance de la misma. En él se integra un texto anterior, *Paus de cego* [*Palos de ciego*], que había sido incluido en una colectánea editada por Francisco Pillado en el volumen titulado *Banqueiros*, que proponía motivos de reflexión en relación a las causas y sujetos de aquella crisis financiera internacional que asoló el mundo en 2007 y 2008. Ese primer texto presentaba una denuncia de los abusos de la banca (comisiones, gastos de mantenimiento...) y consideraba la posibilidad de vivir sin tales entidades en un mundo con un orden económico asentado en su condición imprescindible, a través del diálogo de una pareja que acaba de sacar todos sus ahorros del banco y de quemar su cartilla bancaria, y que finalmente acaba quemado el propio dinero. En *Pequenos actos...*, se suceden varias acciones similares protagonizadas por una pareja, de nuevo Él y Ella, que conciben diferentes modalidades de protesta, como robar el Papa Noel de una instalación navideña, para mostrar así su malestar ante el estado del mundo o ante sus perspectivas vitales. En su conjunto supone una reflexión en torno al concepto mismo de revolución, en lo individual y en lo colectivo, y sobre sus efectos reales en la sociedad y en uno mismo.

Con *O charco de Ulises* Cortegoso recupera motivos fundamentales de la *Odisea* y sus figuras centrales, y es una de las pocas obras que va más allá del juego relacional de la díada. En su versión en castellano, *El charco de Ulises* fue creado con una ayuda del programa Iberescena (en su edición de 2010), siendo "charco" el mar que separa dos mundos tan relacionados como Galicia y Buenos Aires (y también Argentina). Se editó en 2020 en su versión gallega, y la estrenó en 2021 el Centro Dramático Galego, con dirección de Cortegoso y Bañobre. Y aquí "charco", en un sentido más coloquial, también puede significar un curso de acción que no conlleva nada positivo, especialmente para un protagonista que acaba sus días ahogado anímicamente en la soledad. Se debe señalar que no estamos ante una versión, adaptación o dramaturgia del texto atribuido a Homero. De ellos toma ideas, personajes, situaciones, conflictos o cursos de acción, pero se trata de una obra original.

En la antesala del texto, dos citas. Una del gallego Manoel Antonio, de un poema de 1928 titulado "SÓS" ["solos"], que habla de marineros perdidos en el mar (juego con S.O.S.), dos ideas muy pertinentes en un país en el que la figura del viajero tiene tanta relevancia, pensando en la emigración. La afirmación que Calipso traslada a Ulises en la última secuencia del texto, "Ahora entiendes lo que significa Ítaca" (Cortegoso, 2020, p. 99), podría resumir la génesis de la propuesta de Cortegoso, al ser una reflexión sobre el concepto mismo de Ítaca, no solo para el viajero sino también para los que esperan su retorno, con lo que asoma el drama de la emigración y de las "viudas de vivos" sobre las que escribió versos inolvidables Rosalía de Castro. La segunda cita es de Kavafis, de un poema magnífico de 1911 titulado "Ítaca" en el que exalta el viaje, en tanto experiencia y vivencia, en su capacidad para generar conocimiento, aunque conviene recordar que antes, el viejo poeta de la ciudad (así se le cita en el *Cuarteto de Alejandría*, de Durrell) escribió otro, titulado "La ciudad", que termina con dos versos iluminadores: "La vida que aquí perdiste / la has destruido en otra tierra" (Kavafis, 1981, p. 37). Así parece volver este Ulises, migrante gallego perdido en la soledad terrible que tan bien recrea el poema de Manoel Antonio.

El texto de Cortegoso contiene catorce cantos y un epílogo, en los que hay tres motivos fundamentales: la mujer que espera en palacio la vuelta del marido, el hijo que va en busca del padre, y este en su viaje, todo recreado en una perspectiva actual pues la vieja peripecia, con sus elementos esenciales, se traslada al momento presente, con lo que los valores se dislocan. Como en todos sus textos, la mujer desempeña un rol central, y en este caso cobra especial fuerza Penélope, presentada por los hombres que la acosan en su casa como un objeto, como yegua ansiosa de garañón, estereotipos contra los que se revela expulsándolos de su casa y acusándoles de cobardes por haber renunciado al viaje que su marido emprende, a pesar de que esa sea la causa de que sus vidas tomen caminos que nunca se encontrarán.

Decíamos que la música juega un papel importante en algunos textos de Cortegoso, y puede ser mucho más que un acompañamiento sonoro cuando cumple una función significante y ostensiva. Ese es el caso de *Smoke on the Water*, cuyo título hace referencia a una de las canciones más notables de Deep Purple, el grupo que en 1972 presentaba *Machine Head* (1972), uno de los álbumes de música más aclamados y vendidos en la historia del estilo conocido como "hard rock". Se califica como "tragicomedia sórdida" y lleva como subtítulo una larga frase que define con claridad su esencia, "una historia de sexo, drogas, rock and roll, enfermedad, violencia, prostitución, vandalismo, muerte y, por supuesto, amor", y muestra esa tendencia de su autor a no renunciar a ninguno de los tópicos que la realidad, a simple vista y en toda su complejidad, nos ofrece. Y de nuevo volvemos al ámbito de la realidad cotidiana, a la vida doméstica de una pareja que habita un piso en compañía de la madre de él, una antigua profesora universitaria ahora enferma y totalmente dependiente que solo desea la muerte, y por ahí asoma de forma implícita la cuestión de la eutanasia, tan atacada y cuestionada por los cofrades y devotos del dolor, la amargura y el padecimiento. A lo largo de 9 escenas, cada una con un lema que la define (como la titulada "El club de los 27"), se van presentando las historias de vida de cinco personas que viven en el filo de la navaja y que dan cuenta de las diferentes problemáticas que padecen quienes añoran una felicidad imposible y entonces aspiran a una cierta tranquilidad. Y de todos ellos se ofrece el rostro más amable y humano, lo que genera en la lectura una alta dosis de empatía ante la desgracia ajena. Comienza el texto con una escena, titulada "Endorfinas", en la que Janis alimenta a su suegra, Amparo, madre de Ritchie, mientras repasa los principios de la doctrina estoica, al estar estudiando filosofía en la universidad. Para liberar endorfinas, Janis contrata los servicios de Alex, un gigoló, con el que inicia una cuasi relación, mientras Ritchie, ajeno a todo lo que no sea su mismidad, se esfuerza por mantener su estilo de vida, que consiste en cuidar a su madre por las mañanas, atender su tienda de discos por las tardes, y ensayar con un grupo de afines los fines de semana, sin olvidar sus dosis diarias de drogas y alcohol. Como en *Hámster*, hay contrastes recurrentes entre las rutinas de cada personaje, o entre la acomodación y el deseo de rebelión, sin olvidar comentarios sarcásticos sobre las terapias alternativas o la crítica mordaz al modo en que una discusión puede generar bucles y círculos viciosos interminables, llenos de reproches y culpas.

En 2012 Marian Bañobre y Santiago Cortegoso resultaron ganadores, en el apartado "Premio de la Audiencia", del VI Premio Diario Cultural de Teatro Radiofónico, promovido por Ana Romaní desde la Radio Galega. Una importante iniciativa en la que participaron un buen número de autoras y autores, especialmente jóvenes, que iniciaron así su trayectoria pública en el campo de las letras. El título del texto, *Intercom-baby*, ya da cuenta de la situación de partida, en tanto se trata de un artilugio que, según la propaganda de alguna casa que los fabrica, "permite ver cada movimiento y escuchar hasta el sonido más sutil que realice tu bebé, desde cualquier rincón de casa". Se configuran entonces dos espacios dramáticos, aquél en el que está el bebé, y el que ocupan los padres. Cuando el aparato presenta problemas en su funcionamiento, se genera en la pareja un clima de tensión y pánico dado que desconocen lo que ocurre en el cuarto del bebé con lo que las suposiciones macabras se disparan, reproduciendo las dinámicas de las mejores escenas de terror. Un divertido divertimento para dos voces y sugerentes efectos especiales.

Con *Raclette*, como se puede leer en la página web de la compañía en el apartado correspondiente, Iboprufeno inicia una nueva etapa en lo teatral, al menos en lo que atañe al formato de sus espectáculos, que incluyen elencos más numerosos, en este caso con cinco personajes a quienes encarnan dos actores y tres actrices. Y sin embargo las situaciones dramáticas siguen a ser las mismas, pues de nuevo se recrea la interacción entre dos o tres personas, como las relaciones de pareja entre Mario y Miriam, que acaban de perder un hijo, o entre Raúl y Paula, que contrastan sus carreras profesionales de fracaso y éxito creciente (teatro y producción audiovisual), o entre Vero y Adolfo (ausente), padres de Mateo y separados. Como motivo central dos situaciones que al final acaban por confluir. De un lado el duro día a día de Mario y Miriam, en duelo por la muerte del hijo, y del otro la reunión, en torno a una mesa, entre Paula y Vero para tratar de la contratación de Mateo como actor en una película que Paula produce, acompañados de Raúl, fracasado y recalcitrante. La raclette es el artilugio que presta su nombre al texto y el objeto común que se sitúa en el centro de la mesa que los cinco comparten, pero sin ningún tipo de interacción entre los dos primeros y los otros tres. La trama se organiza en un total de veintiocho escenas en las que el foco pasa de un grupo al otro, sin que ninguno abandone ese espacio que sirve como hábitat familiar de ambos. En sus conversaciones, negociaciones y discusiones emergen los temas más diversos, desde la educación de los hijos hasta los hábitos alimentarios, la realización personal o la pereza moral de la inmensa mayoría para posicionarse ante tantos problemas que afectan al presente (y al futuro), lo que supone una mirada crítica a la condición humana. A destacar, como señaló Vallejo (2017), la construcción de una trama en la que las vidas de todos ellos y ellas acaban por confluir en las escenas finales, revelando entonces hechos que cabe ir intuyendo aquí y allá, pero también la exquisita construcción de personajes, en una escala de grises amplia y desde la complejidad y las contradicciones inherentes a la especie.

En diferentes textos paira la idea de la desconexión, entendida como una ruptura de todo vínculo con el estilo de vida occidental, tan marcado por aquella canción antes aludida, *Little Boxes*, en lo que tiene de seriación, pero también por ser la causa de una alienación creciente del ser humano en relación a su naturaleza o de una destrucción casi irreversible del medio natural. Y así se titula un texto no publicado, *Desconexión*, monólogo en el que emergen las diferentes voces (o YOes) que cada cual lleva al interior, y en el que la persona puede actuar en modo ON u OFF, en función de contextos y circunstancias y su grado de implicación; dos modos de actuación que también implican valores e ideologías, formas de ser y de relación con los otros. Como señalaba el propio autor en el comentario al texto, publicado en su página personal en el portal Contexto Teatral, "mediante la metáfora de la dualidad del muñeco del semáforo, se tratan temas inherentes al ser humano: la rutina y las ganas de huir de ella, la necesidad de formar parte de algo y la necesidad de individualidad, el afán de estar conectado y la necesidad de desconectarse". Temas y problemas que son una constante en toda su obra dramática.

O ronco do carneiro, se define como "comedia romántica y macabra que va subiendo por el río, desde el puente el otero", y en su título se refiere una enfermedad parasitaria (*miasis*) provocada por una mosca que deposita sus huevos en la nariz de los óvidos y que puede derivar en rinitis o sinusitis y alterar el comportamiento de los animales, especialmente cuando las larvas (*oestrus ovis*) llegan a su cerebro. En este caso, el gusano que puede acabar invadiendo el cerebro tiene una dimensión simbólica y es el motor que activa o mantiene vivos recuerdos o memorias que anidan en la mente, cuando el pasado pervive en muchos episodios que taladran la conciencia o en preguntas incómodas cuyas respuestas aun sabidas se callan, sea para el falangista represor sea para el republicano fusilado. De nuevo volvemos a la diada Ella-Él (los que fueron antes y los que son ahora), pero también a uno de los temas más queridos y recurrentes del autor en tanto el personaje masculino se presenta como alguien que retorna al rural y el femenino como una neorrural, tendencia que emerge una y otra vez desde los años sesenta del pasado siglo (aunque con antecedentes en el XIX, como en *Walden* de

Henry David Thoreau), alentada por idearios diversos, pero todos vinculados con la desconexión urbana y consumista y la apuesta por modos de vida y valores alternativos. La vuelta a la aldea también supone, para Él, su inmersión en las historias y problemas de todos los días en su dimensión actual e histórica, lo que implica conocer un pasado lleno de disputas y rencores, lo que se vincula con la época de la Segunda República y el golpe de estado contra la legalidad vigente, que desembocó en una guerra civil y en una represión sin límites, lo que no solo supuso muertes indiscriminadas sino fenómenos como el de los "huidos" (escapados, del monte…), que en Galicia fue especialmente relevante, como lo fue en esa aldea en la que el "ronco" perfora la conciencia de varios personajes.

El último de los textos aquí considerados, *O mel non caduca* [*La miel no caduca*], supone en cierta medida tanto continuidad como ruptura en el ámbito de lo temático. Ruptura porque se aleja en buena medida de las relaciones de pareja, o de poder, y continuidad porque retoma un tema presente de forma casi permanente en su obra, cual es el de la supervivencia de las especies, considerando que el ser humano tal vez sea el causante de numerosas extinciones en el ámbito natural y de no pocos desastres ecológicos. De nuevo estamos ante un juego de interacción entre Él y Ella, que en diferentes escenas serán Apicultor/Apicultora, Actriz/Actor, o Hermana/Hermano, y que en situaciones diferentes viven conflictos diversos y desarrollan en consecuencia diferentes cursos de acción. La trama se construye entonces en tres niveles diferentes, pero muy complementarios, y se vinculan entre sí en la acción y el discurso de la actriz y del actor, quienes, distanciados de las investigaciones científicas del Apicultor y la Apicultora, o del recuento vital de la Hermana y el Hermano, que vuelven al hogar en una remota aldea tras la muerte en soledad de la madre, presentan al lector diferentes ejemplos sobre el sentido de la vida, o enhebran encendidas proclamas a un tiempo explicativas y reivindicativas. Así, en la segunda escena, podemos leer un intenso monólogo de la Actriz, en la que nos explica el proceso mediante el cual el manzano produce manzanas y en ellas semillas con las que el ciclo de la vida se mantiene, concluyendo que "Nunca superaremos a la naturaleza. Ella es más sabia" (Cortegoso, 2022, p. 12). Es más, de los resultados de las investigaciones aludidas se puede aprender y mucho, porque las manipulaciones genéticas no siempre ofrecen los resultados esperados.

Como ocurre con otros textos, en este también se entremezclan numerosos temas y problemáticas del presente, desde el ritmo acelerado de la vida cotidiana malvivida en las ciudades, al abandono del campo y de sus gentes, con la pérdida patrimonial que tal abandono provoca, como la deturpación de la toponimia (que tanto enseña sobre la historia de la especie) hasta la pérdida de saberes milenarios, como el cultivo de la miel y muchas otras faenas agrícolas, fundamentales en una humanidad que pese a los avances en "inteligencia" artificial sigue alimentándose con lo que el campo produce, incapaz de hacerlo con pastillas de sílice o con bits. Entre otros ejes temáticos tenemos la mirada sarcástica a un consumismo atroz que potencia la producción de bienes de consumo sin valor de uso pero con valor económico (como muestra el monólogo "El lápiz"), o la situación crítica que padecen diferentes especies de abejas, lo que causa la disminución de polinizadores, un hecho cierto que no solo puede tener consecuencias catastróficas en la desaparición de muchas especies vegetales, sino también en la alimentación de la nuestra. Un efecto no solo del cambio climático sino del abandono de métodos más orgánicos de producción agrícola en favor de un aumento exponencial de los beneficios que se asienta en el uso de pesticidas, plaguicidas y abonos químicos, sin olvidar los efectos de la agricultura extensiva en zonas geográficas sin condiciones naturales e idóneas, lo que elimina la biodiversidad y empobrece un ecosistema, que acaba por desaparecer. En España los ejemplos, por obra y omisión, están a la orden del día de norte a sur y de este a oeste.

0'7% molotov: el amargo (des)amparo de lo alternativo

En una entrevista publicada en la *Revista Galega de Teatro*, Cortegoso explicaba la génesis de esta obra señalando que nació a partir de textos escritos "sobre la idea de la hipocresía de la solidaridad y sobre la solidaridad como aplacadora de conciencias de mentalidad occidental" (en Sotelo, 2019, p. 69). La historia, en apariencia, es bien sencilla. De un lado, una "neohippy solidaria", Ella, que no ha llegado a los treinta años, en busca de una reflexión pausada en relación a su vida futura como cooperante. Del otro, Él, un "nihilista solitario", con cuarenta y siete años, con muchas vidas, pieles y máscaras, que abandona su vida acomodada pero anodina e insatisfactoria en la capital y se refugia en la casa familiar y en el ancestral oficio de la viticultura. Como en otros textos, la diada es la unidad básica, pero suficiente, para el análisis de la interacción humana. Y así, debido a un anuncio en el que Él ofrece un puesto de trabajo en la vendimia para recoger y acarrear la uva, la chica llega a una zona vitivinícola bien conocida de Galicia, situada en las laderas más altas y escarpadas de la cuenca del río Sil en su paso por las provincias de Lugo y Orense y que se conoce como Ribeira Sacra. Ambos acabarán enganchados emocionalmente, viviendo un idilio intenso y casi dionisíaco del que despiertan cuando a Él le llega una carta que le comunica la instalación de un parque eólico en la zona, lo que supuestamente afectaría al uso de sus tierras. Y entonces se plantean la gran pregunta, un ¿qué hacer? ante el que han de articular una respuesta, y los dos personajes transparentan formas bien diferentes de entender la vida, que fueron hilvanándose desde el primer encuentro: en Ella un idealismo lleno de posibilidades y oportunidades, y en Él un pragmatismo alimentado en la derrota.

Una dualidad similar asoma en un título que ni es descriptivo, ni explicativo, ni contiene una perífrasis del contenido. Es un juego de palabras, una combinación en nada aleatoria de dos ideas (*0'7%* por cooperación y *molotov* por rebelión) que sirven para definir la peripecia vital de los dos personajes de esta especie de drama existencial de supervivencia que se podría entender como un lamento por la imposibilidad de formas de vida alternativa a las dominantes. La combinación de ambos términos parece trasladar la idea de que la única forma de acabar con la injusticia es la violencia, el recurso al cóctel molotov que Él le ofrece a Ella en la escena 3.3. para así hacer frente a la indefensión e injusticia extremas, aunque ese juego de rebelión parezca más una ensoñación o una sublimación.

La trama se estructura en tres partes, cada una con escenas con una marcada tendencia a la brevedad. La primera, "Contrato", contiene nueve, la segunda, "Consumo", cuatro, y la tercera, "Viento", seis, y la primera parte, la del encuentro y el galanteo, es la que presenta un mayor desarrollo, en tanto traslada las circunstancias dadas en los planos individual y dual. Como en otros textos, se combinan escenas que contienen monólogos que sirven para mostrar el flujo libre de la conciencia del personaje sin ningún autocontrol o restricción, que sirven para mostrar su posición y expectativas, con otras escenas de interacción entre ambos, y algún diálogo proclama (que cabe leer como monólogos alternados y/o combinados), lleno de consignas ante modos de vida. El discurso se organiza así en esos niveles, el de la comunicación interpersonal y el de la comunicación intrapersonal, y se marcan en el texto secundario con las indicaciones "exterior" e "interior", aunque en la segunda parte se incluya una escena en la que parece articularse un juego de interacción con lectores, y público en un espectáculo. Es en ese plano interior donde las personas se dicen las verdades incómodas en relación a sí mismas, que cabe incluso contrastar con todo cuanto transparentan los diálogos, o incluso en la proclama dialogada en la que además se traslada con insistencia una súplica que es llamada de auxilio: "No me olvides". Ese juego entre lo que habita al interior y lo que se muestra en el exterior, permite generar un duro contraste entre la paz que emana del entorno y los conflictos internos que supuran las palabras y acciones de los dos personajes.

Como bien explicaba el profesor García Martínez (2010, p. 10), en la obra emergen muchas preguntas, relativas a la injusticia en el mundo, las razones de la solidaridad, el modo en que se puede (o no) ser de izquierdas o progresista (ser de derechas es muy fácil), la forma de comprometerse con la dura realidad, las maneras de acallar la conciencia, la búsqueda de la identidad, la necesidad de paz, los conflictos familiares, el anhelo de felicidad, la vivencia del fracaso o el uso de la violencia como estrategia de defensa y única salida ante una impotencia creciente y recurrente. Y en esas preguntas pairan cuestiones a nuestro entender relevantes que asomaban y asomarán en otros textos del autor, como la posibilidad de desconexión en relación al sistema y las formas en que se puede habitar en la periferia del mismo, abandonando la cadena del consumismo y las dependencias que genera, y la necesidad de establecer otra relación con el entorno físico y natural, siempre que las corporaciones y grupos que manejan el mundo lo permitan. Como siempre, en el tratamiento de cuestiones y temáticas tan complejas aflora una mirada irónica y a veces sarcástica, y se percibe un cierto pesimismo ante las posibilidades de la condición humana para mudar el actual estado de cosas, si bien los problemas, reales y concretos, están ahí, aunque como señalaba el profesor García Martínez (2010, p.12), "el texto evita cuidadosamente proponer una solución", pues ha de ser el lector quien decida lo que hacer.

En la citada entrevista con Vanesa Sotelo, Cortegoso recordaba que los personajes en *0'7% Molotov* "son muy complejos a propósito" y "caen continuamente en contradicciones" (en Sotelo, 2019, p. 70). Atendiendo a las mismas, que se manifiestan de forma evidente en sus acciones y palabras, en los contrastes entre lo que (se) dicen y (se) callan, o en una comunicación intrapersonal especialmente relevante y reveladora, la obra, en tanto obedece a un esquema muy abierto, admite interpretaciones dispares, incluso contrapuestas. Más allá de la lectura puramente descriptiva que hemos presentado, una mirada más interpretativa permite articular otra visión del supuesto heroísmo que pudiera trasladar el retrato de dos supervivientes desolados y desamparados, más aún cuando llega el fin de su (no tan) idílico idilio. Y ello puede ser así porque el texto, incluso sin quererlo de forma explícita, articula una cruda parodia de tal peripecia, y tirando de ese hilo se desvelan los "estudiados simulacros" de ambos, que tan bien recreó el Tite Curet Alonso y cantó La Lupe.

Cerrando

Cabría decir, ciertamente, que en todo texto hay una dimensión "política", latente o manifiesta, lo cual equivaldría a decir que todo es político, con lo cual a lo mejor no estamos diciendo nada, más aún si pensamos en el deterioro semántico y pragmático del vocablo. En todo caso, lo político se puede analizar no solo en su dimensión "macro", sino y muy especialmente en su dimensión micro, en el ámbito de las relaciones cotidianas, en esa vida doméstica en la que también se ejerce el poder, y en ese ejercicio se muestran ideas políticas en tanto estas se relacionan con formas de entender la sociedad y el rol que cada persona desempeña o puede desempeñar, o el que les o nos asignamos en nuestra visión del mundo. Es ahí, en esa dimensión micro, por donde emergen las contradicciones entre los discursos que cada cual elabora y traslada a los demás. Por eso las estampas de Santiago Cortegoso son profundamente políticas. Lo son igualmente al considerar la riqueza temática de sus obras, porque en todas ellas siempre traslada problemáticas especialmente relevantes.

En la que ahora se edita hay algunas particularmente actuales, como puedan ser el deterioro del medio rural o la necesidad de plantear modos de vida que contribuyan al desarrollo de la persona en su dimensión más humana y terrena, lejos de patrones de conducta marcados por una sociedad del consumo cada vez más exigente, pero también las dificultades de tomar sendas que supongan una desviación de la norma y un cuestionamiento del sistema. Y no cabe olvidar, en ningún caso, los problemas de la humanidad como género, y entre ellos la pobreza y el hambre en el mundo, que no cabe combatir con prelavados de conciencia, aclarados de culpas y centrifugados puntuales, sino con una acción global y permanente que apueste por la libertad, la igualdad y la fraternidad, sin peros ni cortapisas, lo que implicaría unos modos y fines de vida radicalmente diferentes de los actuales y otra sociedad radicalmente diferente. Finalmente, no podemos no señalar la crítica a la pose, al simulacro o a los roles falsos, con que nos construimos y nos construyen. Por esto mismo, es difícil encontrar en las obras de Cortegoso una posición definida que se quiera trasladar al lector. Al contrario, se plantean las situaciones, los problemas y los cursos de acción, con rigor, claridad, precisión y en toda su complejidad, para que sea el lector quien tome conciencia de todo ello y decida en función de sus propios valores. Y así los textos se mueven en una notable escala de grises, en función de la naturaleza sumamente compleja de la realidad o de la condición humana.

En los últimos años se han producido numerosos e interesantes debates en torno al teatro político, a su necesidad y posibilidad, o a su forma de articularlo en el plano literario y escénico (Kirby, 1975;

29

Kelleher, 2009; Hillman 2015), pero también en relación a sus funciones y al modo en que estas se desarrollan y pueden ser eficaces en tanto deriven en cursos de acción para el logro de determinados objetivos comunes, especialmente en la construcción de un sujeto crítico y con una conciencia transitiva, en palabras de Paulo Freire. La posición de Cortegoso es bien clara, al menos en lo que compete a la creación dramática, al proponer textos que en su lectura invitan a la reflexión y con ella a la comprensión, a repensar nuestro aquí y ahora, y por eso busca promover el "esfuerzo" del espectador (Cortegoso, 2016, p. 16), activar la máquina del pensamiento autónomo, propio y crítico. Recordando a Kant, podríamos recordar aquel "sapere aude", algo tan necesario en estos momentos. Otra cosa es la distancia que va del conocimiento crítico a la acción.

Como ocurre con otras autoras y autores que en Galicia ya cuentan con una trayectoria relevante, la obra de Cortegoso todavía espera trabajos que exploren sus aspectos más sustantivos en lo formal y en los contenidos. Esperamos que este trabajo contribuya a destacarla y provoque nuevos estudios más profundos y sistemáticos.

Bibliografía citada

Cortegoso, S. (2009). *Hámster. Revista Galega de Teatro*, 60 [Textos], 5-27.

Cortegoso, S. (2010). *0'7% Molotov*. Deputación Provincial da Coruña.

Cortegoso, S. (2010). *Casa O'Rei. Traxicomedia gastronómica*. Morgante.

Cortegoso, S. (2012). *Paus de cego*. En F. Pillado (Coord.), *Banqueiros* (pp. 81-92). Laiovento

Cortegoso, S. (2012). *Intercom-Baby*. En VV. AA., *VI Premio Diario Cultural de Teatro Radiofónico* (pp. 27-40). Xerais.

Cortegoso, S. (2015). *Raclette*. Xerais.

Cortegoso, S. (2016). Prologo. En S. Cortegoso, *A filla de Woody Allen, Pequeños actos pseudorrevolucionarios, O furancho* (pp. 2019). Morgante.

Cortegoso, S. (2019). *O ronco do carneiro*. En VV. AA., *DramaturXa* (pp. 131-185). Positivas.

Cortegoso, S. (2020). *O charco de Ulises*. Positivas.

Cortegoso, S. (2022). *Smoke on the Water. O mel non caduca*. Positivas.

García Martínez, M. (2010). Prólogo. En S. Cortegoso, *0'7% Molotov* (pp. 9-13). A Coruña: Deputación Provincial da Coruña.

Hillman, R. (2015). (Re)constructing Political Theatre. *New Theatre Quarterly*, 31(04), 380-396.

Kavafis, K. (1981) *Poesías completas*. Traducción de José María Álvarez. Hiperión.

Kelleher, J. (2009). *Theatre and Politics*. Palgrave Macmillan.

Kirby, M. (1975). On Political Theatre. *The Drama Review*, 19(2), 129-135.

Sotelo, V. (2009). Entrevista con Santiago Cortegoso. *Revista Galega de Teatro*, 60, 69-72.

Vallejo, J. (2017). Lo que mata engorda a terceros. *El País*, 1 de noviembre.

0'7% Molotov

de

SANTIAGO CORTEGOSO

Esta obra obtivo o Premio de Teatro "Rafael Dieste"
da Deputación da Coruña de 2009

Escena de *0'7% Molotov*,
obra escrita y dirigida por Santiago Cortegoso.
Teatro de Ningures, 2011.
(Foto: Diego Seixo).

0'7% MOLOTOV estreouse o 4 de marzo de 2011 no
Teatro Jofre de Ferrol, con produción de Teatro de Ningures
e co seguinte

EQUIPO ARTÍSTICO e TÉCNICO

NEOHIPPY SOLIDARIA	Rocío González
NIHILISTA SOLITARIO	Salvador del Río
INTERIOR DEL	Armando Martén
INTERIOR DELA	Ana Beatriz Pérez
ESCENOGRAFÍA	Pablo Giráldez "O Pastor"
DESEÑO DE VESTIARIO	Marián Bañobre
BANDA SONORA ORIXINAL	Anxo Graña
DESEÑO DE ILUMINACIÓN	Paco Alfaro
DESEÑO GRÁFICO	
E FOTOGRAFÍA	Diego Seixo
TÉCNICOS DE LUZ E SON	Héctor Pazos
	Diego Camaño
XASTRERÍA	Raquel Martínez Olariaga
AXUDANTE DE DIRECCIÓN	Pepa Barreiro
DIRECCIÓN	Santiago Cortegoso

PERSONAXES

ELA

Neohippy solidaria. 26 anos

EL

Nihilista solitario. 47 anos

1ª parte.- O Contrato

1.1. *Interior dela*

ELA.– Espertei un día e non vin máis que nenos negros.

Nenos negros e nenas negras.

Cabezas rapadas negras; algúns rizos negros. Beizos grandes.

Ollos moi grandes coas pupilas moi negras saíndo disparadas dun fondo moi branco.

Miradas implorantes.

Miradas negras.

Miradas cara arriba coma se eu fose Deus.

Unha mirada vale máis que mil palabras.

Unha lágrima vale máis que mil palabras.

Os nenos negros non choran coma os brancos.

Os nenos negros choran cos ollos famentos.

Cos ollos negros enfermos.

Cos ósos que lles saen disparados pola pel negra.

Pel negra chea de po.

Nenos negros traballando.

Nenos negros sen máis que facer míranme con ollos negros acusadores.

Acaban de nacer e xa son vellos.

Véxolle a morte nas caras.

Son todos nenos mortos.

En cada cara non vexo máis que ollos negros mortos.

Ollos negros incuestionables.

Ollos negros exixentes.

Ollos negros inquisidores.

Ollos negros manipuladores.

Ollos negros poderosos.

Eu non hei chegar a ter ese poder nunca.

Deixade de mirarme así.

Eu non son Deus.

Deixade de suplicarme.

Deixade de meter o dedo na chaga.

A vosa debilidade ten máis forza ca unha bandeira.

A vergonza mobiliza vontades.

Esa mirada ten o poder da verdade.

Esa mirada ten o poder mediático.

O poder da vergonza de toda a humanidade ao longo dos tempos.

Unha campaña publicitaria mellor que as da Coca Cola. Sen ter que deseñala, sen ter que pagarlle a un actor famoso, sen guión, sen maquillaxe, sen iluminación e sen director de arte.

Un neno negro visto en contrapicado con terra seca de fondo.

Máis nada.

As conciencias mobilizadas. Avergonzadas.

Para quen traballas?

Non me mires así, cabrón.

Non me manipules, cabrón.

Aquí estou, son negro.

Non teño nome, non teño historia, non sabes quen son.

Non che digo nada.

Miro para ti.

E ti sabes que estou aquí.

1.2. *Exterior día*

ELA.– A que distancia está o ser humano máis próximo?

EL.– Á suficiente.

ELA.– É fantástico.

EL.– Si, e que?

ELA.– Perdón…

EL.– Podo saber a que vés?

ELA.– Como que a que veño?

EL.– Si, a que.

ELA.– Polos anuncios.

EL.– Chamaches antes?

ELA.– Non.

EL.– Ata a semana que vén non empezarías.

ELA.– E non podo esperar aquí?

EL.– Non che podería pagar.

ELA.– Non sabería a onde ir.

EL.– Vés fuxindo de alguén?

ELA.– Si, claro.

EL.– É que teño varios candidatos.

ELA.– Xa, e que?

EL.– Nada, falo con todos un pouco.

ELA.– E a cantos contratas?

EL.– A un.

ELA.– Non necesitas máis que unha persoa?

EL.– Por dous meses e porque non me queda máis remedio.

ELA.– Pero aínda non sabes quen vai ser, non?

EL.– É unha decisión difícil. Á parte de ti, viñeron dúas persoas e un animal.

ELA.– Ai, si?

EL.– Un dos que veu pretendía meter aquí un tigre.

ELA.– Un tigre?

EL.– Un tigre, si. Un bicho enorme, perigoso, de feito traíao metido nunha gaiola; pero logo tiña pensado soltalo polo eido, sen amarrar nin nada. Era un tipo moi bruto. Acabeille dicindo que prefería contratar o tigre antes que a el.

ELA.– E?

EL.– O tigre dixo que non tiña ganas de traballar.

ELA.– E o outro?

EL.– Quen?

ELA.– Levas unha persoa e un animal.

EL.– Non, levo unha persoa. O animal é outro. Unha rara avis. Unha especie de cruzamento entre burro e gaivota. Algo imposible. Acaba de saír do cárcere e quere refacer a súa vida illándose e estudando na universidade a distancia. É peor o remedio que a enfermidade, díxenlle eu.

ELA.– E el que dixo?

EL.– Pouca cousa. Deulle un ataque de vitimismo e marchou.

ELA.– E o outro?

EL.– O outro é parente meu; un curmán segundo por parte de nai ou algo así.

ELA.– E?

EL.– Non quero negocios coa familia.

40

ELA.– Cantos prexuízos, non?

EL.– Moitos. Téñoos todos gardados no terceiro caixón da cociña, debaixo dos coitelos. Gústame telos a man por se os necesito. Sacan de moitos apuros. Os prexuízos, digo. Os coitelos poderían sacarme de moitos máis, pero non me atrevo con eles. Son pacifista por frustración.

ELA.– E buscas algún perfil de persoa en concreto?

EL.– Máis que un perfil, busco unha fronte.

ELA.– Non vas atopar unha fronte mellor que a miña. Asegúrocho.

EL.– A vendima non é un pasatempo. Hai que traballar de sol a sol. Os baldes pesan. Vanche sangrar as mans.

ELA.– Vaime compensar.

EL.– Non podo pagar moito. Uns...

ELA.– Acepto.

EL.– Non acabara.

ELA.– Este vento que sobe do río é perfecto.

EL.– Está ben. Quedas contratada. Tes cara de boa persoa.

ELA.– Xa o sei. Custoume traballo, pero sen traballo non se consegue nada.

EL.– As máis das veces nin con traballo.

1.3. *Interior del*

EL.– Non vou caer nunca máis.

Nunca. Nunca máis.

Esta é a última vez. A derradeira.

Eu non me vendo.

É unha trampa. Os ollos son o engado.

Picas e ao carallo. Estás fodido.

Unha vez que isto arranca, non hai volta atrás.

A montaña rusa corre costa abaixo polo seu propio peso a toda velocidade.

Vexo como me vou estampar ao final da pendente.

Vou lanzado.

Abro a boca coma se cun berro puidese parar esta puta caída libre.

Pero nin eu mesmo me escoito.

E vou gozar paso a paso o viacrucis.

Enfiladiño co sorriso detrás da boca.

Voume desgarrar en cada chanzo que baixe.

Para espertar unha mañá nos brazos da autohumillación.

Outra vez.

E hei pensar, como agora, que nunca máis.

Que non podo volver empezar, porque sei que unha vez que empezo non podo parar.

E non hai nada máis triste que a calor do arrepentimento.

1.4. *Exterior día*

ELA.– Vives aquí só todo o ano?

EL.– A única diferenza entre isto e a cidade é que aquí os cans non levan gabardina.

ELA.– E non botas en falta estar con alguén?

EL.– Putas.

ELA.– O que?

EL.– Cando baixo á vila aproveito.

ELA.– Entón si que te sentes só.

EL.– Síntome acompañado de máis con moita facilidade.

ELA.– Canto tempo levas aquí?

EL.– Todo.

ELA.– Nunca viviches noutro lugar?

EL.– Algúns anos.

ELA.– Foiche mal?

EL.– Cheguei a ter un bo traballo.

ELA.– De que?

EL.– De economista.

ELA.– Perdíchelo?

EL.– Non, ese non foi o problema.

ELA.– Entón?

EL.– Un día descubrín que por moito que traballase, alí non tiña nada que facer.

ELA.– Aquí que facer non che falta.

EL.– Fago moito menos que antes de marchar.

ELA.– Embotellas ti o viño e todo iso?

EL.– Todo. E véndoo tamén.

ELA.– Pero é pouco, non?

EL.– Compénsame.

ELA.– Xa.

EL.– Pelexan por el. Son as mellores uvas da denominación de orixe.

ELA.– Por que?

EL.– Se cadra é polo vento que dá nestes socalcos. Ou que a terra é máis seca. Ou que a humidade que sobe do río, ao estar tan arriba, non envicia as cepas.

ELA.– É un misterio da natureza.

EL.– Eu penso que é por odio.

ELA.– Odio?

EL.– A toda a miña estirpe familiar. Os meus antepasados plantáronas con mala hostia. Viñeron parar ao recanto máis alto e máis inaccesible. As raíces levan anos a retorcerse polo medio das pedras buscando por onde tirar, cagándose en nós por chimpalas no lugar máis fodido.

ELA.– E esa forza pasa ao viño.

EL.– Non é forza. É desesperación.

ELA.– É loita.

EL.– Que saberás ti diso.

ELA.– Se cadra máis do que pensas.

EL.– Por iso vés traballar aquí.

ELA.– Non. Xa teño traballo. E moitas cousas que facer nesta vida. Ademais sei cales son e estounas facendo.

EL.– E vés por admirar a paisaxe, logo?

44

ELA.– Non é unha mala razón.

EL.– Es unha turista purista.

ELA.– Purista? Mira quen foi falar. O de turista faime graza, pero supoño que xa se me pode considerar así despois do tempo que levo fóra.

EL.– Un non é de onde nace. É de onde pace.

ELA.– Pois eu pazo por todo o mundo, pero sobre todo en África. Son cooperante. Pero necesito unha etapa de transición. Estou farta de participar en programas deseñados por outros, nos que eu teño pouca capacidade de decisión. Así que penso que chegou o momento de emprender un proxecto propio. Vou montar a miña organización. É complicado, pero tampouco empezo de cero.

EL.– É un bo negocio?

ELA.– Como?

EL.– Que se iso da solidariedade é un bo negocio.

ELA.– É estraño. A paz que se respira neste entorno non a percibo no teu interior.

1.5. *Interior dela*

ELA.– Ti que sabes, papá?

Dis que eu te odio.

Que sempre quero quedar ben aínda que fago todo para quedar mal.

Pero que sabes das cores que hai no meu interior?

Abres fiestras que non existen.

Tiras muros que eu nunca construín.

Nin eu sei, e ti pensas que sabes, papá.

Iso que comes estasllo quitando da boca ao neno negro que lle toca morrer este medio minuto.

Con iso que tiras dan a volta ao mundo catro familias de exiliados sen nome que non teñen culpa de pensar así.

Solidarízate.

Solitarízate.

Solidifícate.

Seminarízate.

Soliloquízate.

Sodomízate.

Saborízate.

Soporízate.

Salmonelízate.

Sedimentízate.

Sobremaneirízate.

Sentimentalízate.

Pseudocientifícate.

Pero non lle podes pedir ao meu banco que deixe de ganar cartos para darlles de comer aos pobres.

Hai cousas que era mellor non pensalas nunca, porque unha vez que as pensas non te podes librar delas.

É mentira que a lembranza fai menos dolorosa a ausencia.

O que provoca dor é a lembranza, papá.

Esas cousiñas andan sempre aí, a proer na memoria.

Por iso teñen nome.

O que se esquece queda sen el porque xa non é nada.

Como te chamas, papá?

Non me notas a pel máis escura, papá?

Eu non o noto porque me vexo todos os días, pero ti que me ves unha vez ao ano, non me notas cambiada?

Non ves a negrura que me sae polos poros, papá?

1.6. *Exterior noite*

ELA.– Nunca comera tan ben.

EL.– Non me estraña, vivindo en África.

ELA.– Dígoo polas cousas da horta, estúpido.

EL.– É unha pena que a horta non dea chuletóns.

ELA.– Pero se ti tampouco comes carne.

EL.– Desde que estás ti.

Mañá empezamos a vendimar. Vai a lúa para abaixo.

ELA.– Parece mentira que alguén chegase a camiñar por enriba desa pelota amarela, verdade?

EL.– É que o é.

ELA.– Como?

EL.– Ti cres iso de que houbo uns tipos que estiveron alí?

ELA.– Home...

EL.– Eu non o creo.

ELA.– Ai, non?

EL.– Foi todo unha montaxe dos americanos. Propaganda.

ELA.– É moito montar.

EL.– E Deus?

ELA.– Que?

EL.– Tamén cres que está aí vendo se te portas ben?

ELA.– Non.

EL.– Cuestión de fe, igual que a economía. Así é como funciona todo.

ELA.– Parece que hai moita xente desconforme, que hai un descontento xeral. Ata parece que vivimos nunha época moi humanista. Pero o certo é que o 90% da poboación pensa que o mundo é como di a televisión. Nin se paran a contemplar outras opcións.

EL.– E ti es moi lista e estás no 10% restante.

ELA.– Lista non. Rara. Porque me esforzo por non aceptar o que todo o mundo considera a normalidade, por non aceptar o que me vén dado, por non ser a persoa que me obrigaban a ser.

EL.– É un esforzo estúpido. Eu levo toda a vida convencéndome de non ser o que pensaba que me estaban a obrigar, para intentar ser algo que me parecía mellor. Cando era pequeno, convencinme de que meus pais estaban en contra miña e non soportaba os nenos felices que non querían ser maiores. Cando estaba na universidade, convencinme de que era hippy e non soportaba os que crían no sistema. Despois de licenciarme, convencinme de que era un currante e non soportaba os que seguían querendo ser hippies. Despois de conseguir traballo, convencinme de que era de clase media e non soportaba a clase obreira. Cando me fartei da comodidade, convencinme de que era un home de campo e non soportaba a xente que vivía na cidade. Desde que estou aquí de volta, como non teño contra quen rebotarme, estoume convencendo de que non me soporto a min mesmo, sexa quen sexa eu mesmo.

ELA.– Eu podía estar dirixindo a sucursal dun banco, coma meu pai, pero xa ves: convencinme de investir a miña vida en axudar a xente, que aínda que é deficitario a nivel económico, compensa porque dá outro tipo de beneficios: o sorriso dun neno, por exemplo.

EL.– *(Sen cantar)* We are the world, we are the children.

ELA.– Teño fe en que pode haber un mundo mellor e loito por iso. Paréceche mal?

EL.– É un traballo coma outro calquera.

ELA.– Está claro que os que nos dedicamos a isto debemos ser remunerados; non somos misioneiros.

EL.– Sodes profesionais.

ELA.– Exacto. Xa nos gustaría que os estados, igual que subvencionan a violencia e as guerras, subvencionasen dunha vez por todas a solidariedade. Se tivésemos a potencia dun exército para combater a pobreza e a inxustiza, a eficiencia do ataque había ser maior. A diferenza é que a nosa vitoria non se mide polos cadáveres e a destrución.

EL.– É cousa de cartos? Canto vos fai falta? Se apadriñamos todos os nenos que pasan fame, está todo solucionado? Se onde hai un terremoto chega ao momento a axuda humanitaria, está o problema resolto?

ELA.– Non. Hai que ir pouco a pouco. O mundo é inxusto. E sempre o será. A historia da humanidade está marcada polas desigualdades entre os seres humanos. Ata nas tribos máis primitivas había desigualdades. Niso son marxista ortodoxa.

EL.– Entón es comunista.

ELA.– Non, estou en contra do comunismo, porque eu defendo a liberdade.

EL.– E no capitalismo es libre?

ELA.– Déixame falar. Eu non creo que o home -o ser humano, quero dicir- sexa malo por natureza. A solidariedade é un sentimento que agroma nel con tanta forza ou máis que a violencia. O que explica as guerras é a loita polos recursos escasos.

EL.– Entón a cuestión é que o que hai non chega para todos?

ELA.– Claro.

EL.– Non o creo.

ELA.– Cres en algo?

EL.– Por que o fas?

ELA.– É unha obriga moral.

EL.– Por quen o fas?

ELA.– Por eles. Por eses nenos. Esas nenas.

EL.– E que consegues?

ELA.– Darlles esperanza.

EL.– É suficiente?

ELA.– Non.

EL.– Aliméntanse con iso?

ELA.– Poño o meu gran de area.

EL.– Un millón de grans de area non xuntan nin un caldeiro. E o deserto son millóns e millóns de caldeiros de area.

ELA.– Cada luz que se acende é unha satisfacción.

EL.– Cambiaches algo substancial?

ELA.– Todo o que sexa mellorar...

EL.– Pero o mundo é mellor agora?

ELA.– Se podo conseguir que vinte rapaces vaian á escola, sinto que estou cumprindo coa miña obriga como ser humano.

EL.– Pero o obxectivo está cumprido?

ELA.– Non.

EL.– Cambiaches o que querías?

ELA.– Non.

EL.– Vale a pena seguir?

ELA.– Mentres haxa inxustiza, hai que seguir.

EL.– Ata cando?

ELA.– Ata sempre. É un traballo continuo. Mentres alguén necesite algo, alguén ten que estar aí para intentar darllo.

EL.– Pensas que vas acadar a xustiza?

ELA.– Non son tan inxenua.

EL.– Entón por que o fas?

ELA.– Non podo quedar quieta vendo que hai xente que sofre.

EL.– A ti compénsache, logo.

ELA.– Habíame sentir mal se non o fixese.

EL.– Por quen o fas?

…

EL.– Por eles?

…

EL.– Ou por ti?

ELA.– Non soportaría a idea de chegar aos sesenta ou setenta anos, a esa idade na que sabes que a morte está preto, e decatarme de que nunca fixen nada para axudar os que o necesitan. Non me soportaría a min mesma se non loitase por levar algo de felicidade aos máis débiles.

EL.– Eu, cando estaba na universidade, tamén era moi activista. Participaba nunha organización de revolucionarios radicais: uns pailáns que criamos na liberdade. Un día puxémonos en pelotas diante da catedral. Como facía moito frío, as tías, que tamén estaban en pelotas, empezaron a agarrarse a nós. Empalmámonos tanto que, antes de que chegase a policía, tivemos que meternos a correr nos baños do primeiro bar que atopamos para resolver aquela quentura. Así empecei coa que logo foi a nai dos meus fillos. Pero daquela xa pasaramos da revolución á socialdemocracia. O domingo era o día perfecto: ás dez "o polvo" da semana, ás doce manifa, ás dúas xantar en restaurante enxebre e pola tarde cine. Mesmo sabendo que non valía para máis nada que cubrirnos dunha dignidade e dunha autocompracencia noxentas, enchíanos de razón ir reivindicar calquera causa xusta, a que fose. Que sorte que o mundo sexa unha merda:

como reconforta a conciencia esta indignación, esta impotencia. Que relaxados imos o luns ao traballo nesa multinacional que, mentres nós inflamos o ego coa pancartiña, nin se para a pensar nos mortos que figuran nos seus custos de produción. Conclusión: estou de acordo contigo: a revolución debería ser un servizo público e estar en mans de profesionais, de persoas cualificadas e con dedicación exclusiva a reivindicar, a protestar, a cambiar o mundo. Uns profesionais non se empalman coma burros por ter unha tía diante cando o futuro da humanidade está nas súas mans.

1.7. *Interior dela*

ELA.– Cando vexo as liñas rectas no mapa de África, dáme noxo ser occidental.

Nunca debemos ir alí.

Non me identifico co que os gobernos levan feito en nome da miña cultura.

A que fomos alí?

Eu era unha diletante branca que lía os xornais preocupada, comprometida, sensible.

Coma todo o mundo.

Unha diletante branca non pode non ver a realidade.

Isto había que cambialo.

Había que facer algo.

Pero o que?

Eu era unha diletante branca que tiña unha familia.

E esta familia branca tiña unha casa, unha hipoteca, un traballo, un coche, varios hobbies, moita présa.

Coma todo o mundo.

Pero hai lugares onde unha diletante branca pode loitar polo que ama.

Cando escoitei o vento do deserto, sentindo as horas pasar sen angustia, o sol rompéndome na cara, aprendín o que é a riqueza.

O branco vai marchando.

A pel revólvese inqueda sobre as mans, sobre os brazos, sobre a cara, sobre as pernas.

As liñas rectas do mapa da miña cabeza empézanse a torcer.

O corpo treme sobre os pés, como nunha danza "yoruba".

Médranme os beizos.

Anchéame o nariz.

As entrañas centrifugan negrura, sae polas vísceras, empuxa os poros, sae por uns ollos diletantes que miran para os ollos negros en fite.

Eu son coma ti.

Non me ves a pel?

Non é do sol.

É dos raios da alma.

1.8. *Interior día*

ELA.– Desde onde criticas ti?

EL.– Eu?

ELA.– Que hai que facer, economista?

EL.– Non entendo a pregunta.

ELA.– Que é o queres ti?

EL.– Nada.

ELA.– Non o creo.

EL.– Querer algo non é ningún mérito.

ELA.– Todo o mundo quere algo na vida.

EL.– A miña vida xa foi.

ELA.– Que es? Un fantasma?

EL.– Non sería mala cousa.

ELA.– Por que non te suicidas, logo?

EL.– Porque é estúpido pasar traballos que se fan sos.

ELA.– Cal é a túa utopía?

EL.– A ver se non imos a peor.

ELA.– Veña, fala en positivo por unha vez.

EL.– Non se pode facer nada.

ELA.– Para conseguir o que?

EL.– Darlle a volta á historia. Parar todo. A evolución da humanidade é o problema.

ELA.– Non digas iso.

EL.– Non había dicir nada se non mo preguntases.

ELA.– O progreso non ten por que ser malo se se organiza.

56

EL.– O home é ruín. Iso non se pode organizar.

ELA.– O home leva fracasando durante miles de anos. Está claro que hai que entregarlle o poder á muller dunha puta vez.

EL.– Sabes o que lle escoitei dicir unha vez a unha muller?

ELA.– O que?

EL.– Que se se repartisen todos os cartos que hai no mundo a partes iguais entre todos os habitantes do planeta, ao cabo dun ano volverían estar mal repartidos, e un 20% da poboación tería o 80 % dos cartos outra vez.

ELA.– Era da túa familia?

EL.– Non somos tan parvos.

ELA.– Pois eu penso que si que sodes un pouco parvos.

EL.– Precisas un bo orzamento, non si?

Precisas un bo orzamento do que custa alimentar a todos os nenos negros que pasan fame, ou do que custa alimentar as conciencias brancas que pasan fame?

Ao único que aspiramos é á comodidade e aos privilexios, e imos de solidarios para termos a conciencia tranquila.

A culpa é unha fábrica de mendigos.

A dignidade non pode ser unha causa.

Iso é o que vendes ti.

Para iso estás aí.

Para iso es útil.

1.9. *Interior del*

Eu sigo caendo.
Vou lanzado.
A inercia manda.
No momento que vin eses ollos xa me decatei do erro.
Nese preciso instante vin a catástrofe que me vén enriba.
Eses ollos teñen a forza da gravidade.
Son ollos imán.
Vou caendo con gusto en todas as trampas, sabendo que o son.
Vou sentindo a calor.
Esta calor horrible.

1.10. *Exterior noite*

ELA.– Cantas estrelas. Na cidade non se ve este ceo.

EL.– E cal se ve, logo?

ELA.– Mira aquela como corre.

EL.– Terá présa.

ELA.– A onde vai?

EL.– A morrer.

ELA.– Que sexan fugaces non quere dicir que morran.

EL.– Non, andan de turismo.

ELA.– Mira, mira. *(Pausa)* Parecía que ía chocar contra aqueloutra.

EL.– As que están quietas están moito máis lonxe.

ELA.– Parecía mesmo que se tocaban.

EL.– Pasoulle a miles de quilómetros.

ELA.– Non, rozáronse. Abrazáronse. Fundíronse. Uniron as luces amarelas.

EL.– Pero unha quedou onde estaba e a outra seguiu o seu camiño.

ELA.– Cal é a Osa Maior, a Menor e todo iso?

EL.– Nin puta idea.

ELA.– Segundo como estean colocadas, así vai ser o teu futuro.

EL.– O carallo.

ELA.– Teño as mans desfeitas.

EL.– Outro?

ELA.– Buf! É a segunda botella.

EL.– Sabes o que facía meu avó cando tiña chagas nas mans?

ELA.– Xa empezo a ver dúas galaxias.

EL.– Mexáballes enriba.

ELA.– Queres mexarme na man?

EL.– Baixa ben, eh!

ELA.– Non te atreves.

EL.– Non sei se me compensa.

ELA.– Isto é un néctar dos deuses.

EL.– Canto me pagas?

ELA.– Solidarízate. Mira como están.

EL.– Vánseche borrar as raias.

ELA.– Tanto ten. Véndochas.

EL.– O que?

ELA.– Véndoche as raias da man.

EL.– Teño que saber o que din antes de mercalas.

ELA.– Mira que ben debuxadiñas están. Canto me dás por elas?

EL.– Non as sei ler e non sei se me compensan.

ELA.– Digan o que digan, non as quero.

EL.– Eu tampouco.

ELA.– Regálochas. Prefiro que as teñas ti.

EL.– Igual me regalas un futuro desgraciado.

ELA.– Seguro que é feliz. Se o queres, é teu.

EL.– Non quero que me deas nada.

ELA.– E eu non quero ter estas liñas na man.

Non quero que estean aí dicíndome nada.

Non quero pensar que teño algo escrito, aínda que non sexa quen de lelo. Non quero pensar no que vai vir.

Só quero pensar en agora.

60

Neste momento.

Neste preciso instante no que che rozo a pel cos beizos.

No que che meto a man entre as pernas.

No que che agarro a man e a meto entre as miñas pernas.

No que che aperto a pel con tanta forza que che vou deixar marcado o debuxo das raias da man.

Para que as leves contigo para sempre.

2ª parte.- O Consumo

2.1. *Interior día*

EL.– Pódese saber que chocolate é este que mercaches?

ELA.– Perdón...

EL.– Seica teño problemas de cartos?

ELA.– No meu salario non vai incluído nin ser a criada nin ir de compras.

EL.– Este non me gusta.

ELA.– Como podes ter tanto morro?

EL.– O único que me gusta é o Nestlé.

ELA.– Non merco ningún produto Nestlé.

EL.– Ai, non?

ELA.– É unha cuestión de principios. Hai un boicot internacional que hai que respectar.

EL.– Arranxa o mundo todo o que queiras, pero este chocolate é unha merda. O único que podo comer é o Nestlé. É unha sensación incomparable. Fáiseme a boca auga nada máis ver as letras brancas sobre o fondo encarnado. Logo sinto ese sabor doce e negro na lingua. Sinto como se me derrete a pastilla negra na boca ao mestizarse coa saliva.

ELA.– Eses cabróns mataron centos de persoas en África cunha partida de leite en po caducado.

EL.– Cando era pequeno viña pasar o verán un rapaz dunha familia rica de Madrid. El andaba con cartos nos petos e mandábanos a mercarlle caramelos. Os pobres túzaros da aldea pelexabamos polo privilexio de irlle á taberna porque logo nos deixaba os papeis que envolvían os caramelos. Pelexabamos entre nós por lamber aqueles papeis, encantados de gozar da solidariedade daquel rico que nos regalaba o que lle sobraba. Pero por moi solidario que fose, despois de tres veráns el seguía tendo cartos para mercar caramelos e nós tiñamos as pelotas inchadas de tanto ir á taberna para acabar chupando papeis. Un día apareceu co chocolate Nestlé. O nunca visto. Comeuno todo cachiño a cachiño diante dos nosos ollos abertos coma pratos e da nosa baba colgando. Cando rematou, díxonos que quen quixese probalo, podía lamberlle os dedos.

ELA.– Que fillo de puta.

EL.– Son cousas de rapaces. Non teñen a maior importancia. Ao día seguinte levámolo ao monte pola mañá ben cedo a cazar biosbardos. El traía na man unha gaioliña coma as dos canarios para gardar as presas e levarllas á súa mamá como botín de guerra. Pero o moi pailán acabou colgado polos pés da póla dun piñeiro, sen arriar a gaioliña da man, cos mocos caéndolle pola fronte, choromicando por mamá.

ELA.– Que fillos de puta.

EL.– Son cousas de rapaces. Non teñen a maior importancia. Pero a mamá non o volveu traer á aldea. Agora, cando paso por diante dun estante con cinco mil pastillas de chocolate Nestlé aliñadiñas, encarnadiñas, con letras brancas, no peto catro tarxetas de crédito solidariamente preparadas, non o vou poder mercar? Por compromiso social?

ELA.– A culpa foi miña por facerche o favor. Co que me gusta ir aos centros comerciais, ademais.

EL.– Non che gustan?

ELA.– Non. Ódioos. Levántame dor de cabeza o barullo da xente con esa música tan chunga de fondo. Son deprimentes.

EL.– A min tampouco me gustan. Pero hai que ir. Hai que consumir. Por compromiso. Se as empresas non venden, teñen que despedir os traballadores, que se non traballan non poden consumir. É un círculo vicioso. Hai que levantar o país. Temos que ser solidarios para que as putas multinacionais non marchen a explotar países do Terceiro Mundo. Que cabróns! Iso é inxusto. E nós que? Que vai ser de nós se non nos seguides explotando? Quero que me explotedes a min, cabróns, e non aos africanos e aos asiáticos.

ELA.– Estás moi guapo cando te acaloras.

EL.– Os negros e os indios non son pobres por non teren centros comerciais. Non é que sexan pobres. É que consomen pouco. Non pasa nada. Xa lles mandaremos axuda humanitaria. Xa apadriñaremos os nenos.

ELA.– Abres tanto eses ollos de can abandonado.

EL.– Ao fin e ao cabo teñen sorte. Son uns privilexiados. Non teñen que facer cola no Carrefour para aparcar e para pagar. Non teñen que aturar a Bisbal. Nin a "La oreja de Van Gogh". Eu non soporto a Bisbal, pero sei que a estabilidade social depende de min. Consumo solidario, compañeiros. Consumo responsable.

ELA.– Consúmeme a min, que tamén son negra e estou de oferta.

2.2. *Exterior dos dous*

EL.– Non merco produtos Nestlé que matan africanos.

ELA.– Non merco produtos israelís que matan palestinos.

EL.– Non merco en Inditex que escraviza nenos en Tailandia.

ELA.– Non bebo Coca Cola que é imperialista.

EL.– Non ando en coche que perfora a capa de ozono.

ELA.– Non tiro papeis na rúa que contaminan.

EL.– Non meto os cartos no banco que especula con eles.

ELA.– Non vexo Antena 3 que é do PP.

EL.– Non merco no Decathlon que é todo da India.

ELA.– Non son española que España vende minas antipersoa.

EL.– Non vou a Cuba para non darlles os cartos ás empresas turísticas estranxeiras.

ELA.– Non vou a Cuba porque colaboro cunha ditadura.

EL.– Non voto para non colaborar con ningún partido.

ELA.– Non me absteño para non darlle vantaxe á dereita.

EL.– Non digo o que penso para non ser un pesado.

ELA.– Non quedo calada para non ser cómplice da inxustiza.

EL.– Non fodo con putas que é pecado.

ELA.– Non paso máis de tres días sen foder porque sería unha casta e unha católica.

EL.– Non me mires.

ELA.– Non pares.

EL.– Non me fales.

ELA.– Non me odies.

EL.– Non me mintas.

ELA.– Non me deixes.

EL.– Non me esquezas.

ELA.– Non me esquezas.

EL.– Non vaias ao monte que o degradas.

ELA.– Non vivas no campo que é snob.

EL.– Non vivas na cidade que respiras dióxido de carbono.

ELA.– Non te duches que cambias o clima.

EL.– Non abras a billa que secas o río.

ELA.– Non sexas vexetariano que non sabes o que perdes.

EL.– Non comas carne que matas animais.

ELA.– Non bebas que é malo.

EL.– Non leas libros que para facelos hai que cortar árbores.

ELA.– Non consumas produtos cataláns que queren acabar co castelán.

EL.– Non me acaricies que me gastas o PH.

ELA.– Non me pegues que fago ai!

EL.– Non fumes que provoca cáncer, impotencia, enfermidades cardiovasculares, é nocivo para os que te rodean, acurta a vida, produce lesións no futuro fillo, dana a capa de ozono, mata e, o peor de todo, engordas a Philip Morris.

ELA.– Non me esquezas.

EL.– Non me esquezas.

ELA.– Non me esquezas.

EL.– Non me esquezas.

ELA.– Non me esquezas.

2.3. *Exterior de todos*

EL.– Imos facer unha enquisa: unha votación.

ELA.– A cuestión do referendo é:
Que debemos facer cun neno negro que está a morrer de fame?

EL.– Opción un: pegarlle un tiro para que non sufra.

ELA.– Opción dúas: mandarlle unha prostituta para que non morra sen saber o que é o amor.

EL.– Opción tres: darllo a unha familia de clase media occidental para que o leve ao McDonald's.

ELA.– Opción catro: darlle tres euros recadados en campañas publicitarias de Nadal e que se amañe como poida.

EL.– Nós mandamos.

ELA.– Vivimos nunha democracia porque a escollemos nós.

EL.– E as bases da democracia son: A) somos todos moi listos.

ELA.– E B) como somos moi listos, temos o dereito, pero tamén a obriga, de decidir.

EL.– Así que estamos obrigados a ser tolerantes e a tragar co que diga a maioría.

ELA.– Pois imos decidir; por maioría.

EL.– Veña. Isto vai a man alzada. Cada un pode opinar o que queira e dicilo publicamente.

ELA.– Aínda que o que diga non sexa democrático. Estamos nun país libre.

EL.– Expresémonos. Somos todos libres, non?

ELA.– Atención. Mans preparadas.

EL.– Votos pola opción un: pegarlle un tiro.

ELA.– Resultado: x votos.

EL.– Opción dúas: prostituta.

ELA.– Resultado: x votos.

EL.– Opción tres: McDonald's.

ELA.– Resultado: x votos.

EL.– Votos para a opción catro: tres euros.

ELA.– Resultado: x votos.

(Se ten que haber unha manipulación para que gane a opción catro, mellor.)

EL.– As abstencións e os votos en branco van para a maioría.

ELA.– Así que queda decidido, por maioría absoluta, que ese neno non é nin unha vítima, nin un ser humano, nin un inmigrante de luxo.

EL.– Ese neno é un mendigo que vai vivir das nosas esmolas.

ELA.– Non hai reclamación posible porque foi decidido democraticamente.

EL.– Así que non protestedes. Decidístelo.

ELA.– Non sodes democráticos?

EL.– Pois a calar.

2.4. *Exterior dela con el*

ELA baila cunha cunca de viño na man.
Entra EL con bolsas do supermercado.

ELA.– Boas tardes!

EL.– Ola.

ELA.– Convídote!

EL.– A que?

ELA.– Á miña festa! Toma, bebe.

EL.– Grazas.

ELA.– Está moi rico.

EL.– Fíxeno eu.

ELA.– É afrodisíaco.

EL.– Ai, si?

ELA.– Os teus antepasados debían ser todos uns tigres.

EL.– Xa.

ELA.– Veña, divírtete! Queres que che conte un chiste?

EL.– Non me gustan os chistes.

ELA.– A min tampouco, pero hoxe vouche contar un.
Non ten nin puta graza, pero se non ris tampouco me vou suicidar.
Isto é o papa que vai a Etiopía, non?
E ve que os rapaces están moi delgados.
Entón pregúntalles aos que van con el na comitiva:
"Estes rapaces por que están así?"
E respóndelle un:

"Porque non comen, santidade".

E vai o papa, agarra a un negriño así pola fazula e dille:

"Hai que comer".

EL.– Merquei carne.

ELA.– Bailas comigo?

EL.– Non sei.

ELA.– Baila! Veña! Deixa iso! Non ves que marcha teño? Agárrame e déixate levar. Sóltate! Sigue a música! Non sexas "aburrido". Pásao ben!

EL.– Non me sae.

ELA.– Como te podes aburrir na miña festa? Eu estouno pasando xenial.

EL.– Non estou moi animado.

ELA.– Pois anímate. Non che gusta a música?

EL.– Está ben.

ELA.– É de Mozambique.

EL.– Xa.

ELA.– Mírame.

(Saca algo de roupa)

Estou guapa así?

EL.– Moito.

ELA.– E que máis?

EL.– Estás impresionante.

ELA.– Non te excito?

EL.– Claro.

ELA.– Calquera tío que me mirase así estaría empalmado no momento.

70

EL.– Seguro.

ELA.– Pero ti non.

EL.– Eu xa te vin moitas veces.

ELA.– Non esperto ningunha atracción en ti?

EL.– Se o intentas a propósito non.

ELA.– Entón que teño que facer?

EL.– Non hai nada que teñas que facer.

ELA.– Vou meter isto na neveira que se vai perder.

EL.– Xa está perdido. Todo perdido.

ELA.– O que?

EL.– Estás despedida.

ELA.– Non me rematou o contrato.

EL.– Impórtame un carallo o contrato. Tes que marchar.

ELA.– A onde?

EL.– A Mozambique?

ELA.– Por que?

EL.– Non te querías converter nunha heroína?

ELA.– Eu quérote. Quero estar contigo.

EL.– Non che podo pagar.

ELA.– Pensei que non era preciso falar nada.

EL.– Isto acabouse.

ELA.– Que pasou, hostia? Que pasou?

EL.– *(Dálle unha carta.)* Isto.

ELA.– *(Lea.)* Un parque eólico?
  Aquí?

3ª parte.- O Vento

3.1. *Interior del*

EL.– Os veciños de aí ao lado tiñan moitos gatos.

Gatos negros e gatas negras.

Tiñan polo menos cincuenta gatos e cincuenta gatas que non paraban de parir e multiplicarse.

Todos negros e todas negras.

Meu pai enterraba vivas as crías negras dos gatos negros e das gatas negras.

É polo seu ben, para que non sufran, porque non teñen comida e van pasar fame. Non chores. Estámoslles a facer un favor.

Un día pillamos unha camada de gatos negros e gatas negras acabadas de nacer.

Súa mamá marchou. Meus pais non están.

Os gatiños negros teñen fame. Están sufrindo.

Aínda teñen os ollos pechados.

Aquel cabrón colle un e méteo nun burato no chan. Non para de miañar.

O cabrón bótalle terra enriba ata que cala.

Os outros rin.

Eu río tamén.

Os gatiños negros non paran de miañar.

Outro cabrón colle un e lánzao contra o muro de pedra.

Ao estamparse deixa un debuxo encarnado enriba do granito.

Parece o mapa de España!

Todos rin e aplauden.

Agora tócache a ti.

Veña, caguiñas. É polo seu ben.

Non, contra a parede non.

Tes medo, caguiñas?

O gatiño negro é tan pequerrecho que colle na miña man.

Berra na miña man.

Está quente, síntolle latexar o corazón. Síntoo tremer na calor da miña man.

Non es quen de facerlle ese favor ao pobre gato, caguiñas?

A nai abandonouno.

O gatiño retórcese na suor da man.

De súpeto, abre os ollos e mírame.

Hostia! Mírame á cara.

Ten os ollos negros.

Non me mires, cabrón.

Veña, caguiñas, aínda non morreu.

O gatiño negro retórcese no chan.

Non me mires así.

Tíralle unha pedra.

Non me mires, cabrón.

Vamos, tíralla.

Toma!

Todos aplauden e rin.

Pecha os ollos, cabrón. Non me mires.

Tíralle outra.

Toma! Toma!

Non sufras máis.

Toma!

É polo teu ben.

Todos aplauden e rin.

Mirade como sangra.

Son cousas de rapaces. Non teñen importancia.

Toma! Toma!

Non me mires así. Eu non son Deus.

Toma! Toma! Toma!

Moi ben, caguiñas, desfixéchelo.

Toma! Toma! Toma! Toma!

Non te vexo. Onde tes os ollos, cabrón?

Xa non es un caguiñas, non chores.

Toma! Toma!

Eu non estou chorando.

Toma! Toma! Toma! Toma!

Non estou chorando.

Non estou chorando.

3.2. *Exterior noite*

ELA.– Por que non rematamos de facer o viño?

EL.– Para que?

ELA.– Pódoche axudar en algo? Levo anos dedicándome a axudar. Son especialista.

EL.– Ponme outra cunca. A ver se rematamos todo o que queda na bodega. Máis non podemos facer.

ELA.– Mira!

EL.– O que?

ELA.– Alí.

EL.– Onde?

ELA.– Alí. Fíxate ben.

EL.– Non vexo nada.

ELA.– Onde están todas aquelas.

EL.– Que?

ELA.– Non ves unha luz?

EL.– Non.

ELA.– Onde se amorean en forma de man.

EL.– Si.

ELA.– Pois no centro hai unha luz.

EL.– Xa.

ELA.– Unha luz azul.

EL.– Azul?

ELA.– É cada vez máis grande.

EL.– Non a vexo.

ELA.– Xa non se ve a man.

EL.– Que che pasa?

ELA.– Estase achegando. Coidado!

EL.– Estás ben?

ELA.– Aaaaahhhh! Acaba de atraparnos e lanzarnos ao espazo. Aaaaahhhhhh!

Ves agora aquelas de alí? Alí está a Terra.

Ves o fácil que é estar lonxe?

EL.– Moi fácil.

ELA.– Desde aquí tamén se ven moi ben as estrelas.

EL.– Si, pero son outras.

ELA.– As estrelas son as mesmas. Es ti o que es outro.

EL.– Non quero ser outro. Nin podo.

ELA.– Non levas toda a vida querendo ser outro? Non es un experto en fuxir?

Á merda o viño. Se temos que irnos de aquí, vámonos xa.

EL.– A onde?

ELA.– A África.

EL.– Mira, ti sabes que o cerebro humano se divide en dous hemisferios, non? O hemisferio esquerdo asóciase co pensamento lóxico, co razoamento práctico. Pola contra, o hemisferio dereito encárgase dos comportamentos intuitivos, irracionais, dominados por impulsos emocionais. Pois ben, ti tes un problema de lateralización. Tes o hemisferio esquerdo atrofiado. Non che funciona. Quen goberna todo o que fas é o hemisferio dereito.

ELA.– Que problema hai en deixarse levar polos impulsos emocionais? Hai que tratar de ser o máis feliz posible o pouco tempo que estamos aquí.

EL.– Non me compensa.

76

ELA.– Mira, o meu cerebro ten cinco hemisferios: un verde, un azul, un encarnado, un amarelo e un branco. Moitas veces necesito funcionar co branco para que todo me resulte indiferente. Non vale para vivir, pero é útil para traballar, ou para aturar a familia, porque é o que se di estar coa mente en branco. Cando estou contigo, funciónanme todos os hemisferios xuntos, domínanme o corpo de arriba a abaixo e póñome coma unha moto. É coma se saíse o arco da vella, porque flipo en cores e pinto a vida cos tons que máis me gustan. Podo xogar ao parchís no meu cerebro: como unha, conto vinte e tiro porque me toca. Así é como me funcionan a min os hemisferios. E non me apetece para nada atrofiarme, que -perdoa que cho diga- pero é xustamente o que che pasa a ti. Non che vai nin o esquerdo nin o dereito; vas empezar a botar fume polo occipicio.

3.3. *Exterior día*

ELA.– Hai lugares onde os nenos son obrigados a loitar por un mundo mellor. Póñenlles unha arma na man, ensínanlles a disparar, a violar as mulleres. Para nós, é unha sorte poder decidir. Un día decidiches fuxir de todo, pero agora podes... podemos loitar por cambiar algo dese todo.

EL.– Non me vou meter nunha guerra se non estou seguro de que teño algunha opción de ganar.

ELA.– Iso é medo. É covardía.

EL.– É táctica. Para ir a unha guerra, hai que saber cal é o inimigo.

ELA.– Se vas ao campo de batalla, has descubrir inimigos por todas partes.

EL.– Eses non son o verdadeiro inimigo.

ELA.– Deféndete. Se non queres marchar, defende o que é teu. Eu estou contigo.

EL.– *(Dálle un cóctel molotov a ELA.)*

Toma. Empeza a matar malos.

ELA.– Esta non é a maneira.

EL.– Non hai outra. Se queres pagar o prezo, adiante.

ELA.– Nunca comprenderei a violencia.

EL.– Quen é o violento? Onde nace a violencia? A quen lle estraña que unha persoa chegue á conclusión de que o único que lle queda é botar unha bomba? Agarrar unha arma e matar a quen faga falta para defenderse. Por sobrevivir, non facemos o que sexa? Por un fillo, non facemos o que sexa? Ante a indefensión extrema, que nos queda? Ante a inxustiza extrema, que nos queda?

3.4. *Interior dela*

ELA.– Non son auténtica.

Hai algo que non acaba de funcionar.

Non son máis ca unha boa rapaza que cambia de cor.

Non me morreron meus pais cando era pequena.

Non teño a SIDA.

Non son lesbiana nin bisexual.

Nunca fun á India sen cartos.

Nunca intentei suicidarme. Nunca tiven un motivo.

Nunca matei ninguén.

Falsa. Iso é o que son: falsa.

Pero eu non podo esperar.

Non quero poñerme triste vendo edificios.

Cada fiestra é unha persoa máis.

Comer, durmir, desprazarse, traballar.

Foder: máis fiestras.

Eu non son unha vítima.

Non quero converterme en cómplice dos meus inimigos.

Non quero placebos.

Non quero masoquismo.

Non quero populismo comigo mesma.

Que lle dean á xente auténtica.

3.5. *Exterior noite*

EL.– Hoxe non se ven as estrelas.

ELA.– Chega con saber que están aí.

EL.– A elas non lles importa que as nubes as estean cubrindo para nós.

ELA.– Estarán aí detrás, tan tranquilas.

EL.– E ti que sabes se están tranquilas?

ELA.– Non sei por que, pero non podo evitar sentirme culpable.

EL.– A última?

ELA.– Veña. Ti como estás?

EL.– É coma unha casa en ruínas.

Unha casa que está a caer.

Empéñome en que aguante de pé.

Poño parches por un lado e por outro: por onde máis chuvia entra poño un tapón.

Pero está feita unha merda, vai moito frío.

ELA.– E non será mellor deixala caer?

Á merda esta casa. Podemos construír unha mellor na que vivir os dous.

EL.– Ese é o carallo: facer unha mellor.

ELA.– Tamén podemos non facer nada.

Só botarnos a andar.

Ir para o monte.

Acubillarnos debaixo das pedras.

EL.– Quita esa cara de boa persoa.

3.6. *Interior dela*

ELA.– Espertei un día e só vin follas verdes.

Troncos de árbores, pólas, fentos.

Todo cheo de sangue.

Sangue vermello pola terra.

Polas raíces.

Flores amarelas pingando sangue.

Eu sígote. Sigo correndo. O cheiro a sangue non me detén.

Sinto o vento dándome na cara.

As pólas dos toxos dándome na cara.

A chorima amarela impregnada de vermello dándome na cara.

Sigo os teus pasos seguros sobre a terra vermella.

Esquivando as pedras.

Esquivando o sangue.

Os ollos mirando en fite o verde e o vermello.

Cravados nas pólas movidas polo vento.

Escoito o renxer dos troncos movidos polo vento.

O bruído dalgún animal.

As nosas respiracións.

Bufamos.

O cheiro a sangue non nos detén.

Saltamos por riba das pedras.

Seguimos.

Sempre cara adiante.

Seguimos.

FIN

Escena de *0'7% Molotov*,
obra escrita y dirigida por Santiago Cortegoso.
Teatro de Ningures, 2011.
(Foto: Diego Seixo).

0'7% Molotov

de

SANTIAGO CORTEGOSO

Traducción al castellano del autor

Esta obra obtuvo el Premio de Teatro "Rafael Dieste"
de la Diputación de A Coruña de 2009

Escena de *0'7% Molotov,*
obra escrita y dirigida por Santiago Cortegoso.
Teatro de Ningures, 2011.
(Foto: Diego Seixo).

0'7% MOLOTOV se estrenó el 4 de marzo de 2011 en el
Teatro Jofre de Ferrol, con producción de Teatro de Ningures
y con el siguiente

EQUIPO ARTÍSTICO y TÉCNICO

NEOHIPPY SOLIDARIA	Rocío González
NIHILISTA SOLITARIO	Salvador del Río
INTERIOR DE ÉL	Armando Martén
INTERIOR DE ELLA	Ana Beatriz Pérez
ESCENOGRAFÍA	Pablo Giráldez "O Pastor"
DISEÑO DE VESTUARIO	Marián Bañobre
BANDA SONORA ORIGINAL	Anxo Graña
DISEÑO DE ILUMINACIÓN	Paco Alfaro
DISEÑO GRÁFICO	
Y FOTOGRAFÍA	Diego Seixo
TÉCNICOS DE LUZ Y SONIDO	Héctor Pazos
	Diego Camaño
SASTRERÍA	Raquel Martínez Olariaga
AYUDANTE DE DIRECCIÓN	Pepa Barreiro
DIRECCIÓN	Santiago Cortegoso

PERSONAJES

ELLA

Neohippy solidaria. 26 años

ÉL

Nihilista solitario. 47 años

1ª parte.- El Contrato

1.1. *Interior de ELLA*

ELLA.– Me desperté un día y sólo vi niños negros.

Niños negros y niñas negras.

Cabezas rapadas negras; algunos rizos negros. Labios grandes.

Ojos muy grandes con las pupilas muy negras saliendo disparadas de un fondo muy blanco.

Miradas implorantes.

Miradas negras.

Miradas hacia arriba como si yo fuese Dios.

Una mirada vale más que mil palabras.

Una lágrima vale más que mil palabras.

Los niños negros no lloran como los blancos.

Los niños negros lloran con ojos hambrientos.

Con ojos negros enfermos.

Con los huesos que les salen disparados de la piel negra.

Piel negra llena de polvo.

Niños negros trabajando.

Niños negros que no tienen nada que hacer me miran con ojos negros acusadores.

Acaban de nacer y ya son viejos.

Veo la muerte en sus caras.

Son todos niños muertos.

En cada cara sólo veo ojos negros muertos.

Ojos negros incuestionables.

Ojos negros exigentes.

Ojos negros inquisidores.

Ojos negros manipuladores.

Ojos negros poderosos.

Yo nunca llegaré a tener ese poder.

Dejad de mirarme así.

Yo no soy Dios.

Dejad de suplicarme.

Dejad de meter el dedo en la llaga.

Vuestra debilidad tiene más fuerza que una bandera.

La vergüenza moviliza voluntades.

Esa mirada tiene el poder de la verdad.

Esa mirada tiene el poder mediático.

El poder de la vergüenza de toda la humanidad a lo largo de los tiempos.

Una campaña publicitaria mejor que las de Coca Cola. Sin tener que diseñarla, sin tener que pagar a un actor famoso, sin guión, sin maquillaje, sin iluminación y sin director de arte.

Sólo un niño negro visto en contrapicado con tierra seca de fondo.

Las conciencias movilizadas.

Avergonzadas.

¿Para quién trabajas?

No me mires así, cabrón.

No me manipules, cabrón.

Los ojos negros hablando hacia arriba.

Aquí estoy, soy negro.

No tengo nombre, no tengo historia, no sabes quién soy.

No te digo nada.

Sólo te miro.

Y tú sabes que estoy aquí.

1.2. *Exterior día*

ELLA.–¿A qué distancia está el ser humano más próximo?

ÉL.– A la suficiente.

ELLA.– Es fantástico.

ÉL.– Sí, ¿y qué?

ELLA.– Perdón…

ÉL.– ¿Puedo saber a qué vienes?

ELLA.– ¿Cómo que a qué vengo?

ÉL.– Sí, a qué.

ELLA.– Por los anuncios.

ÉL.– ¿Has llamado antes?

ELLA.– No.

ÉL.– Hasta la semana que viene no empezarías.

ELLA.– ¿Y no puedo esperar aquí?

ÉL.– No te podría pagar.

ELLA.– No sabría a dónde ir.

ÉL.– ¿Vienes huyendo de alguien?

ELLA.– Sí, claro.

ÉL.– Es que tengo varios candidatos.

ELLA.– Ya, ¿y qué?

ÉL.– Nada, hablo con todos un poco.

ELLA.– ¿Y a cuántos contratas?

ÉL.– A uno.

ELLA.– ¿Sólo necesitas a una persona?

ÉL.– Durante dos meses y porque no me queda más remedio.

ELLA.– Pero todavía no sabes quién va a ser, ¿no?

ÉL.– Es una decisión difícil. Hasta ahora, aparte de ti, han venido dos personas y un animal.

ELLA.– ¿Ah, sí?

ÉL.– Uno de ellos pretendía meter aquí un tigre.

ELLA.– ¿Un tigre?

ÉL.– Un tigre, sí. Un bicho enorme, peligroso, de hecho lo traía metido en una jaula; pero luego pensaba soltarlo por la finca, sin atar ni nada. Era un tipo muy bruto. Acabé diciéndole que prefería contratar al tigre antes que a él.

ELLA.– ¿Y?

ÉL.– El tigre dijo que no tenía ganas de trabajar.

ELLA.– ¿Y el otro?

ÉL.– ¿Quién?

ELLA.– Llevas una persona y un animal.

ÉL.– No, llevo una persona. El animal es otro. Una rara avis. Una especie de cruce entre burro y gaviota. Acaba de salir de la cárcel y quiere rehacer su vida aislándose y estudiando en la universidad a distancia. Es peor el remedio que la enfermedad, le dije.

ELLA.– ¿Y él qué dijo?

ÉL.– Poca cosa. Le dio un ataque de victimismo y se fue.

ELLA.– ¿Y el otro?

ÉL.– El otro es pariente mío; un primo segundo por parte de madre o algo así.

ELLA.– ¿Y?

ÉL.– No quiero negocios con la familia.

ELLA.– Cuántos prejuicios, ¿no?

ÉL.– Muchos. Los tengo todos guardados en el tercer cajón de la cocina, debajo de los cuchillos. Me gusta tenerlos a mano por si los necesito. Sacan de muchos apuros. Los prejuicios, digo. Los cuchillos podrían sacarme de muchos más, pero no me atrevo con ellos. Soy pacifista por frustración.

ELLA.– ¿Y buscas algún perfil de persona en concreto?

ÉL.– Más que un perfil, busco una frente.

ELLA.– No vas a encontrar una frente mejor que la mía. Te lo aseguro.

ÉL.– La vendimia no es un pasatiempo. Hay que trabajar de sol a sol. Las cajas pesan. Te van a sangrar las manos.

ELLA.– Me va a compensar.

ÉL.– No puedo pagarte mucho. Unos...

ELLA.– Acepto.

ÉL.– No había terminado.

ELLA.– Este viento que sube del río es perfecto.

ÉL.– De acuerdo. Quedas contratada. Tienes cara de buena persona.

ELLA.– Ya lo sé. Me ha costado trabajo, pero sin trabajo no se consigue nada.

ÉL.– La mayoría de las veces ni con trabajo.

1.3. *Interior de* ÉL

ÉL.– No voy a caer nunca más.

Nunca. Nunca más.

Ésta es la última vez.

La última.

Yo no me vendo.

Es una trampa. Los ojos son el cebo.

Picas y a la mierda. Estás jodido.

Una vez que esto arranca, no hay vuelta atrás.

La montaña rusa corre cuesta abajo por su propio peso a toda velocidad.

Veo como me voy a estrellar al final de la pendiente.

Voy lanzado.

Abro la boca como si con un grito pudiese parar esta puta caída libre.

Pero ni yo mismo me oigo.

Y voy a gozar paso a paso el viacrucis.

Enfilado, con la sonrisa detrás de la boca.

Me voy a desgarrar en cada peldaño que baje.

Para despertar una mañana en los brazos de la autohumillación.

Otra vez.

Y pensaré, como ahora, que nunca más.

Que no puedo volver a empezar, porque sé que una vez que empiezo no puedo parar.

Y no hay nada más triste que el calor del arrepentimiento.

1.4. *Exterior día*

ELLA.– ¿Vives aquí solo todo el año?

ÉL.– La única diferencia entre esto y la ciudad es que aquí los perros no llevan gabardina.

ELLA.– ¿Y no echas en falta estar con alguien?

ÉL.– Putas.

ELLA.– ¿Qué?

ÉL.– Cuando bajo al pueblo aprovecho.

ELLA.– Entonces sí que te sientes solo.

ÉL.– Me siento demasiado acompañado con mucha facilidad.

ELLA.– ¿Cuánto tiempo llevas aquí?

ÉL.– Todo.

ELLA.– ¿Nunca has vivido en otro lugar?

ÉL.– Algunos años.

ELLA.– ¿Te fue mal?

ÉL.– Llegué a tener un buen trabajo.

ELLA.– ¿De qué?

ÉL.– De economista.

ELLA.– ¿Lo perdiste?

ÉL.– No, ése no fue el problema.

ELLA.– ¿Entonces?

ÉL.– Un día descubrí que, por mucho que trabajase, allí no tenía nada que hacer.

ELLA.– Aquí qué hacer no te falta.

ÉL.– Hago mucho menos que antes de irme.

ELLA.– ¿Embotellas tú el vino y todo eso?

ÉL.– Todo. Y lo vendo también.

ELLA.– Pero es poco, ¿no?

ÉL.– Me compensa.

ELLA.– Ya.

ÉL.– Se pelean por él. Son las mejores uvas de la denominación de origen.

ELLA.– ¿Por qué?

ÉL.– A lo mejor es por el viento que da en esta ladera. O porque la tierra es más seca. O porque la humedad que sube del río, al estar tan arriba, no envicia las cepas.

ELLA.– Es un misterio de la naturaleza.

ÉL.– Yo creo que es por odio.

ELLA.– ¿Odio?

ÉL.– A toda mi estirpe familiar. Mis antepasados las plantaron con mala hostia. Vinieron a parar al rincón más alto e inaccesible. Las raíces llevan años retorciéndose entre las piedras buscando por dónde tirar, cagándose en nosotros por haberlas abandonado en el lugar más jodido.

ELLA.– Y esa fuerza pasa al vino.

ÉL.– No es fuerza. Es desesperación.

ELLA.– Es lucha.

ÉL.– Qué sabrás tú de eso.

ELLA.– A lo mejor más de lo que piensas.

ÉL.– Por eso vienes a trabajar aquí.

ELLA.– No. Ya tengo trabajo. Y muchas cosas que hacer en esta vida. Además sé cuáles son y las estoy haciendo.

ÉL.– ¿Vienes a admirar el paisaje, entonces?

ELLA.– No es una mala razón.

ÉL.– Eres una turista purista.

ELLA.– ¿Purista? Mira quién fue a hablar. Lo de turista me hace gracia, pero supongo que ya se me puede considerar así después del tiempo que llevo fuera.

ÉL.– Uno no es de donde nace. Es de donde pace.

ELLA.– Pues yo pazco por todo el mundo, pero sobre todo en África. Soy cooperante. Pero estoy en una etapa de transición. Estoy harta de participar en programas diseñados por otros, en los que yo tengo poca capacidad de decisión. Así que creo que ha llegado el momento de emprender un proyecto propio. Voy a montar mi organización. Es complicado, pero tampoco empiezo de cero.

ÉL.– ¿Es un buen negocio?

ELLA.– ¿Cómo?

ÉL.– Que si eso de la solidaridad es un buen negocio.

ELLA.– Es extraño. La paz que se respira en este entorno no la percibo en tu interior.

1.5. *Interior de* ELLA

ELLA.– ¿Tú qué sabes, papá?

Dices que yo te odio.

Que siempre quiero quedar bien aunque lo hago todo para quedar mal.

Pero ¿tú qué sabes de los colores que hay en mi interior?

Abres ventanas que no existen.

Tiras muros que yo nunca construí.

Ni yo sé, y tú piensas que sabes, papá.

Eso que comes se lo estás quitando de la boca al niño negro que le toca morir este medio minuto.

Con eso que tiras dan la vuelta al mundo cuatro familias de exiliados sin nombre que no tienen la culpa de pensar así.

Solidarízate.

Solitarízate.

Solidifícate.

Seminarízate.

Soliloquízate.

Sodomízate.

Saborízate.

Soporízate.

Salmonelízate.

Sedimentízate.

Sobremanerízate.

Sentimentalízate.

Pseudocientifícate.

Pero no puedes pedir a mi banco que deje de ganar dinero para dar de comer a los pobres.

Hay cosas que sería mejor no pensarlas nunca, porque una vez que las piensas no te puedes librar de ellas.

Es mentira que el recuerdo hace menos dolorosa la ausencia.

Lo que provoca dolor es el recuerdo, papá.

Esas cositas están siempre ahí, picando en la memoria.

Por eso tienen nombre.

Lo que se olvida se queda sin él porque ya no es nada.

¿Cómo te llamas, papá?

¿No notas mi piel más oscura, papá?

Yo no lo noto porque me veo todos los días en el espejo, pero tú que sólo me ves una vez al año, ¿no me notas cambiada?

¿No ves la negrura que me sale por los poros, papá?

1.6. *Exterior noche*

ELLA.– Nunca había comido tan bien.

ÉL.– No me extraña, viviendo en África.

ELLA.– Lo digo por las cosas de la huerta, estúpido.

ÉL.– Es una pena que la huerta no dé chuletones.

ELLA.– Pero si tú tampoco comes carne.

ÉL.– Desde que estás tú.

Mañana empezamos a vendimiar. La luna está menguando.

ELLA.– Parece mentira que alguien llegase a caminar sobre esa pelota amarilla, ¿verdad?

ÉL.– Es que lo es.

ELLA.– ¿Cómo?

ÉL.– ¿Tú te crees eso de que hubo unos tíos que estuvieron allí?

ELLA.– Hombre...

ÉL.– Yo no me lo creo.

ELLA.– ¿Ah, no?

ÉL.– Fue todo un montaje de los americanos. Propaganda.

ELLA.– Es mucho montar.

ÉL.– ¿Y Dios?

ELLA.– ¿Qué?

ÉL.– ¿También te crees que está ahí viendo si te portas bien?

ELLA.– No.

ÉL.– Cuestión de fe, igual que la economía. Así es como funciona todo.

ELLA.– Parece que hay mucha gente disconforme, que hay un descontento general. Hasta parece que vivimos en una época

98

muy humanista. Pero lo cierto es que el 90% de la población se cree que el mundo es como dice la televisión. Ni se paran a contemplar otras opciones.

ÉL.– Y tú eres muy lista y estás en el 10% restante.

ELLA.– Lista no. Rara. Porque me esfuerzo por no aceptar lo que todo el mundo considera la normalidad, por no aceptar lo que me viene dado, por no ser la persona que me obligaban a ser.

ÉL.– Es un esfuerzo estúpido. Yo llevo toda la vida convenciéndome de no ser lo que pensaba que me estaban obligando, para intentar ser algo que me parecía mejor. Cuando era pequeño, me convencí de que mis padres estaban en contra mía y no soportaba a los niños felices que no querían ser mayores. Cuando estaba en la universidad, me convencí de que era hippy y no soportaba a los que creían en el sistema. Después de licenciarme, me convencí de que era un currante y no soportaba a los que seguían queriendo ser hippies. Después de conseguir trabajo, me convencí de que era de clase media y no soportaba a la clase obrera. Cuando me harté de la comodidad, me convencí de que era un hombre de campo y no soportaba a la gente que vivía en la ciudad. Desde que estoy aquí de vuelta, como no tengo contra quien rebotarme, me estoy convenciendo de que no me soporto a mí mismo, sea quien sea yo mismo.

ELLA.– Yo podría estar dirigiendo la sucursal de un banco, como mi padre, pero ya ves: me convencí de invertir mi vida en ayudar a la gente, que aunque es deficitario a nivel económico, compensa porque genera otro tipo de beneficios: la sonrisa de un niño, por ejemplo.

ÉL.– *(Sin cantar)*

We are the world, we are the children.

ELLA.– Tengo fe en que puede haber un mundo mejor y lucho por ello. ¿Te parece mal?

ÉL.– Es un trabajo como otro cualquiera.

ELLA.– Está claro que los que nos dedicamos a esto debemos ser remunerados. No somos misioneros.

ÉL.– Sois profesionales.

ELLA.– Exacto. Ya nos gustaría que los estados, igual que subvencionan la violencia y las guerras, subvencionasen de una vez por todas la solidaridad. Si tuviéramos la potencia de un ejército para combatir la pobreza y la injusticia, la eficiencia del ataque sería mayor. La diferencia es que nuestra victoria no se mide por los cadáveres y la destrucción.

ÉL.– ¿Es cuestión de dinero? ¿Cuánto os hace falta? Si apadrinamos a todos los niños que pasan hambre, ¿está todo solucionado? Si a donde hay un terremoto llega al momento la ayuda humanitaria, ¿está el problema resuelto?

ELLA.– No. Hay que ir poco a poco. El mundo es injusto. Y siempre lo será. La historia de la humanidad está marcada por las desigualdades entre los seres humanos. Hasta en las tribus más primitivas había desigualdades. En eso soy marxista ortodoxa.

ÉL.– Entonces eres comunista.

ELLA.– No, estoy en contra del comunismo, porque yo defiendo la libertad.

ÉL.– ¿Y en el capitalismo eres libre?

ELLA.– Déjame hablar. Yo no creo que el hombre -el ser humano, quiero decir- sea malo por naturaleza. La solidaridad es un sentimiento que aflora en él con tanta fuerza o más que la violencia. Lo que explica las guerras es la lucha por los recursos escasos.

ÉL.– ¿Entonces la cuestión es que lo que hay no llega para todos?

ELLA.– Claro.

ÉL.– No me lo creo.

ELLA.– ¿Crees en algo?

ÉL.– ¿Por qué lo haces?

ELLA.– Es un deber moral.

ÉL.– ¿Por quién lo haces?

ELLA.– Por ellos. Por esos niños. Esas niñas.

ÉL.– ¿Y qué consigues?

ELLA.– Darles esperanza.

ÉL.– ¿Es suficiente?

ELLA.– No.

ÉL.– ¿Se alimentan con eso?

ELLA.– Pongo mi granito de arena.

ÉL.– Un millón de granitos de arena no hacen ni un cubo. Y el desierto son millones y millones de cubos de arena.

ELLA.– Cada luz que se enciende es una satisfacción.

ÉL.– ¿Has cambiado algo sustancial?

ELLA.– Todo lo que sea mejorar...

ÉL.– ¿Pero el mundo es mejor ahora?

ELLA.– Si puedo conseguir que veinte niños vayan a la escuela, siento que estoy cumpliendo con mi deber como ser humano.

ÉL.– ¿Pero el objetivo está cumplido?

ELLA.– No.

ÉL.– ¿Has cambiado lo que querías?

ELLA.– No.

ÉL.– ¿Vale la pena seguir?

ELLA.– Mientras haya injusticia, hay que seguir.

ÉL.– ¿Hasta cuándo?

ELLA.– Hasta siempre. Es un trabajo continuo. Mientras alguien necesite algo, alguien tiene que estar ahí para intentar dárselo.

ÉL.– ¿Piensas que vas a conseguir la justicia?

ELLA.– No soy tan ingenua.

ÉL.– Entonces ¿por qué lo haces?

ELLA.– No puedo quedarme quieta viendo que hay gente que sufre.

ÉL.– A ti te compensa, entonces.

ELLA.– Me sentiría mal si no lo hiciese.

ÉL.– ¿Por quién lo haces?

...

ÉL.– ¿Por ellos?

...

ÉL.– ¿O por ti?

ELLA.– No soportaría la idea de llegar a los sesenta o setenta años, a esa edad en la que sabes que la muerte está cerca, y darme cuenta de que nunca he hecho nada por ayudar a quienes lo necesitan. No me soportaría a mí misma si no luchase por llevar algo de felicidad a los más débiles.

ÉL.– Yo, cuando estaba en la universidad, también era muy activista. Participaba en una organización de revolucionarios radicales: unos gilipollas que creíamos en la libertad. Un día nos pusimos en pelotas delante de la catedral. Como hacía mucho frío, las tías, que también estaban en pelotas, empezaron a agarrarse a nosotros. Nos empalmamos tanto que, antes de que llegase la policía, tuvimos que meternos corriendo en los baños del primer bar que encontramos para resolver aquel calentón. Así empecé con la que luego fue la madre de mis hijos. Pero entonces ya habíamos pasado de la revolución a la socialdemocracia. El domingo era el día perfecto: a las diez el polvo de la semana, a las doce manifa, a las dos comida en restaurante internacional y por la tarde cine. Hasta sabiendo que no servía más que para cubrirnos de una dignidad y de una autocomplacencia asquerosas, nos llenaba de razón ir a reivindicar cualquier causa justa, la que fuese. Qué suerte que el mundo sea una mierda: cómo reconforta la conciencia esta indignación, esta impotencia. Qué relajados vamos el lunes al trabajo en esa multinacional que, mientras nosotros inflamos el ego con la pancartita, ni se para a pensar en los muertos que figuran en sus costes de producción. Conclusión: estoy de acuerdo contigo: la revolución debería ser un servicio público y estar en manos de profesionales, de personas cualificadas y con dedicación exclusiva a reivindicar, a protestar, a cambiar el mundo. Unos profesionales no se empalman como burros por tener una tía delante cuando el futuro de la humanidad está en sus manos.

1.7. *Interior de* ELLA

ELLA.– Cuándo veo las líneas rectas en el mapa de África, me da asco ser occidental.

Nunca debimos ir allí.

No me identifico con lo que los gobiernos han hecho en nombre de mi cultura.

¿A qué fuimos allí?

Yo era una diletante blanca que leía los periódicos preocupada, comprometida, sensible.

Como todo el mundo.

Una diletante blanca no puede no ver la realidad.

Esto habría que cambiarlo.

Habría que hacer algo.

¿Pero qué?

Yo era una diletante blanca que tenía una familia.

Y esta familia blanca tenía una casa, una hipoteca, un trabajo, un coche, varios hobbies, mucha prisa.

Como todo el mundo.

Pero hay lugares donde una diletante blanca puede luchar por lo que ama.

Cuando oí el viento del desierto, sintiendo las horas pasar sin angustia, el sol rompiéndome en la cara, aprendí lo que es la riqueza. El blanco se va marchando.

La piel se revuelve inquieta sobre las manos, sobre los brazos, sobre la cara, sobre las piernas.

Las líneas rectas del mapa de la cabeza se empiezan a torcer.

El cuerpo tiembla sobre los pies, como en una danza yoruba.

Los labios crecen.

Se achata la nariz.

Las entrañas centrifugan negrura, sale por las vísceras, empuja los poros, sale por unos ojos diletantes que miran a los ojos negros diciendo:

Yo soy como tú.

¿No ves mi piel?

No es por el sol.

Es por los rayos del alma.

1.8. *Interior día*

ELLA.– ¿Desde dónde criticas tú?

ÉL.– ¿Yo?

ELLA.– ¿Qué hay que hacer, economista?

ÉL.– No entiendo la pregunta.

ELLA.– ¿Qué es lo que quieres tú?

ÉL.– Nada.

ELLA.– No me lo creo.

ÉL.– Querer algo no es ningún mérito.

ELLA.– Todo el mundo quiere algo en la vida.

ÉL.– Mi vida ya pasó.

ELLA.– ¿Qué eres? ¿Un fantasma?

ÉL.– No estaría mal.

ELLA.– ¿Por qué no te suicidas, entonces?

ÉL.– Porque es estúpido pasar trabajos que se hacen solos.

ELLA.– ¿Cuál es tu utopía?

ÉL.– A ver si no vamos a peor.

ELLA.– Venga, habla en positivo de una vez.

ÉL.– No se puede hacer nada.

ELLA.– ¿Para conseguir qué?

ÉL.– Dar la vuelta a la historia. Pararlo todo. La evolución de la humanidad es el problema.

ELLA.– No digas eso.

ÉL.– No diría nada si no me lo preguntases.

ELLA.– El progreso no tiene por qué ser malo si se organiza.

ÉL.– El hombre es ruin, eso no se puede organizar.

ELLA.– El hombre lleva fracasando durante miles de años. Está claro que hay que entregar el poder a la mujer de una puta vez.

ÉL.– ¿Sabes qué le oí decir una vez a una mujer?

ELLA.– ¿Qué?

ÉL.– Que si se repartiese todo el dinero que hay en el mundo a partes iguales entre todos los habitantes del planeta, al cabo de un año volvería a estar mal repartido, y el 20% de la población tendría el 80% del dinero otra vez.

ELLA.– ¿Era de tu familia?

ÉL.– No somos tan tontos.

ELLA.– Pues yo creo que sí sois un poco tontos.

ÉL.– Necesitas un buen presupuesto, ¿a que sí?

¿Necesitas un buen presupuesto de lo que cuesta alimentar a todos los niños negros que pasan hambre, o de lo que cuesta alimentar a todas las conciencias blancas que pasan hambre?

Sólo aspiramos a la comodidad y a los privilegios, y vamos de solidarios para tener la conciencia tranquila.

La culpa es una fábrica de mendigos.

La dignidad no puede ser una causa.

Eso es lo que vendes tú.

Para eso estás ahí.

Para eso eres útil.

1.9. *Interior de ÉL*

ÉL.– Yo sigo cayendo.

Voy lanzado.

La inercia manda.

En el momento que vi esos ojos ya me di cuenta del error.

En ese preciso instante vi la catástrofe que se me viene encima.

Esos ojos tienen la fuerza de la gravedad.

Son ojos imán.

Voy cayendo con gusto en todas las trampas, sabiendo que lo son.

Voy sintiendo el calor.

Este calor horrible.

1.10. *Exterior noche*

ELLA.– Cuántas estrellas. En la ciudad no se ve este cielo.

ÉL.– ¿Y cuál se ve, entonces?

ELLA.– Mira aquélla cómo corre.

ÉL.– Tendrá prisa.

ELLA.– ¿A dónde irá?

ÉL.– A morirse.

ELLA.– Que sean fugaces no quiere decir que se mueran.

ÉL.– No, están haciendo turismo.

ELLA.– Mira, mira. *(Pausa)*
Parecía que iba a chocar con la otra.

ÉL.– Las que están quietas están mucho más lejos.

ELLA.– Parecía que se tocaban.

ÉL.– Pasó a miles de kilómetros.

ELLA.– No, se rozaron. Se abrazaron. Se fundieron. Unieron sus
luces amarillas.

ÉL.– Pero una se quedó donde estaba y la otra siguió su camino.

ELLA.– ¿Cuál es la Osa Mayor, la Menor y todo eso?

ÉL.– Ni puta idea.

ELLA.– Según como estén colocadas, así será tu futuro.

ÉL.– Los cojones.

ELLA.– Tengo las manos destrozadas.

ÉL.– ¿Otro?

ELLA.– ¡Uf! Es la segunda botella.

ÉL.– ¿Sabes qué hacía mi abuelo cuando tenía llagas en las manos?

ELLA.– Ya empiezo a ver dos galaxias.

ÉL.– Les meaba encima.

ELLA.– ¿Quieres mearme en la mano?

ÉL.– Baja bien, ¿eh?

ELLA.– No te atreves.

ÉL.– No sé si me compensa.

ELLA.– Esto es un néctar de los dioses.

ÉL.– ¿Cuánto me pagas?

ELLA.– Solidarízate. Mira como están.

ÉL.– Se te van a borrar las rayas.

ELLA.– Da igual. Te las vendo.

ÉL.– ¿Qué?

ELLA.– Te vendo las rayas de la mano.

ÉL.– Tengo que saber lo que dicen antes de comprarlas.

ELLA.– Mira qué bien dibujaditas están.
    ¿Cuánto me das por ellas?

ÉL.– No sé leerlas y no sé si me compensan.

ELLA.– Digan lo que digan, no las quiero.

ÉL.– Yo tampoco.

ELLA.– Te las regalo. Prefiero que las tengas tú.

ÉL.– A lo mejor me regalas un futuro desgraciado.

ELLA.– Seguro que es feliz. Si lo quieres, es tuyo.

ÉL.– No quiero que me des nada.

ELLA.– Y yo no quiero tener estas líneas en la mano.
    No quiero que estén ahí diciéndome nada.

No quiero pensar que tengo algo escrito, aunque no sea capaz de leerlo.

No quiero pensar en lo que vendrá.

Sólo quiero pensar en ahora.

En este momento.

En este preciso instante en el que te rozo la piel con los labios.

En el que te meto la mano entre las piernas.

En el que cojo tu mano y la meto entre mis piernas.

En el que aprieto tu piel con tanta fuerza que te voy a dejar marcado el dibujo de las rayas de mi mano.

Para que te las lleves contigo para siempre.

2ª parte.- El Consumo

2.1. *Interior día*

ÉL.– ¿Se puede saber qué chocolate es éste que has comprado?

ELLA.– ¿Qué pasa?

ÉL.– ¿Tengo problemas de dinero o qué?

ELLA.– En mi salario no va incluido ni ser la criada ni ir de compras.

ÉL.– Éste no me gusta.

ELLA.– ¿Cómo puedes tener tanto morro?

ÉL.– Sólo me gusta el Nestlé.

ELLA.– No compro ningún producto Nestlé.

ÉL.– ¿No?

ELLA.– Es una cuestión de principios. Hay un boicot internacional que hay que respetar.

ÉL.– Arregla el mundo todo lo que quieras, pero este chocolate es una mierda. Sólo puedo comer Nestlé. Es una sensación incomparable. Se me hace la boca agua nada más ver las letras blancas sobre el fondo rojo. Después siento ese sabor dulce y negro en la lengua. Siento cómo se me derrite la pastilla negra en la boca al mestizarse con la saliva.

ELLA.– Esos cabrones mataron a cientos de personas en África con una partida de leche en polvo caducada.

ÉL.– Cuando era pequeño, venía a pasar el verano un niño de una familia rica de Madrid. Él llevaba dinero en el bolsillo y nos mandaba a comprarle caramelos. Los pobres paletos de la aldea nos peleábamos por el privilegio de ir a la tienda, porque después nos dejaba los papeles que envolvían los caramelos. Nos peleábamos entre nosotros por lamer aquellos papeles, encantados de gozar de la solidaridad de aquel niño rico que nos regalaba lo que le sobraba. Pero por muy solidario que fuese, después de tres veranos él seguía teniendo dinero para comprar caramelos y nosotros teníamos las pelotas hinchadas de ir a la tienda para acabar chupando papeles. Un día apareció con el chocolate Nestlé. Lo nunca visto. Se lo comió todo pastilla a pastilla delante de nuestros ojos abiertos como platos y de nuestra baba colgando. Cuando terminó, nos dijo que quien quisiera probarlo, podía lamerle los dedos.

ELLA.– Qué hijo de puta.

ÉL.– Son cosas de niños. No tienen la mayor importancia. La mañana siguiente nos lo llevamos al monte bien temprano a cazar gamusinos. Él traía en la mano una jaulita como las de los canarios para guardar las presas y llevárselas a su mamá como botín de guerra. Pero el muy gilipollas acabó colgado por los pies de la rama de un pino, sin soltar la jaulita de la mano, con los mocos cayéndole por la frente, lloriqueando por mamá.

ELLA.– Qué hijos de puta.

ÉL.– Son cosas de niños. No tienen la mayor importancia. Pero su mamá no lo volvió a traer a la aldea. Ahora, cuando paso por delante de una estantería con cinco mil tabletas de chocolate Nestlé alineaditas, rojitas con letras blancas, en el bolsillo cuatro tarjetas de crédito solidariamente preparadas, ¿no lo voy a poder comprar? ¿Por compromiso social?

ELLA.– La culpa es mía por hacerte el favor. Con lo que me gusta ir a los centros comerciales, además.

ÉL.– ¿No te gustan?

ELLA.– No. Los odio. Me levanta dolor de cabeza el ruido de la gente con esa música tan chunga de fondo. Son deprimentes.

ÉL.– A mí tampoco me gustan, pero hay que ir. Hay que consumir. Por compromiso. Si las empresas no venden, tienen que despedir a los trabajadores, que si no trabajan no pueden consumir. Es un círculo vicioso. Hay que levantar el país. Tenemos que ser solidarios para que las putas multinacionales no se marchen a explotar países del Tercer Mundo. ¡Qué cabrones! Eso es injusto. ¿Y nosotros qué? ¿Qué va a ser de nosotros si no nos seguís explotando? Quiero que me explotéis a mí, cabrones, y no a los africanos y a los asiáticos.

ELLA.– Estás muy guapo cuando te enciendes.

ÉL.– Los negros y los indios no son pobres por no tener centros comerciales. No es que sean pobres. Es que consumen poco. No pasa nada. Ya les mandaremos ayuda humanitaria. Ya apadrinaremos los niños.

ELLA.– Abres tanto esos ojos de perro abandonado.

ÉL.– Al fin y al cabo tienen suerte. Son unos privilegiados. No tienen que hacer cola en el Carrefour para aparcar y para pagar. No tienen que aguantar a Bisbal. Ni a La oreja de Van Gogh. Yo no soporto a Bisbal, pero sé que la estabilidad social depende de mí. Consumo solidario, camaradas. Consumo responsable.

ELLA.– Consúmeme a mí, que también soy negra y estoy de oferta.

2.2. *Exterior de LOS DOS*

ÉL.– No compro productos Nestlé que matan africanos.

ELLA.– No compro productos israelíes que matan palestinos.

ÉL.– No compro en Inditex que esclaviza a niños en Tailandia.

ELLA.– No bebo Coca Cola que es imperialista.

ÉL.– No voy en coche que perfora la capa de ozono.

ELLA.– No tiro papeles en la calle que contaminan.

ÉL.– No meto mi dinero en el banco que especula con él.

ELLA.– No veo Antena 3 que es del PP.

ÉL.– No compro en el Decathlon que es todo de la India.

ELLA.– No soy español que España vende minas antipersona.

ÉL.– No voy a Cuba para no dar dinero a las empresas turísticas extranjeras.

ELLA.– No voy a Cuba porque colaboro con una dictadura.

ÉL.– No voto para no colaborar con ningún partido.

ELLA.– No me abstengo para no dar ventaja a la derecha.

ÉL.– No digo lo que pienso para no ser un pesado.

ELLA.– No me quedo callada para no ser cómplice de la injusticia.

ÉL.– No follo con putas que es pecado.

ELLA.– No estoy más de tres días sin follar porque sería una casta y una católica.

ÉL.– No me mires.

ELLA.– No pares.

ÉL.– No me hables.

ELLA.– No me odies.

ÉL.– No me mientas.

ELLA.– No me dejes.

ÉL.– No me olvides.

ELLA.– No me olvides.

ÉL.– No vayas al monte que lo degradas.

ELLA.– No vivas en el campo que es snob.

ÉL.– No vivas en la ciudad que respiras dióxido de carbono.

ELLA.– No te duches que cambias el clima.

ÉL.– No abras el grifo que secas el río.

ELLA.– No seas vegetariano que no sabes lo que te pierdes.

ÉL.– No comas carne que matas animales.

ELLA.– No bebas que es malo.

ÉL.– No leas libros que para hacerlos hay que cortar árboles.

ELLA.– No consumas productos catalanes que quieren acabar con el castellano.

ÉL.– No me acaricies que me gastas el PH.

ELLA.– No me pegues que hago ¡ay!

ÉL.– No fumes que provoca cáncer, impotencia, enfermedades cardiovasculares, es nocivo para los que te rodean, acorta la vida, produce lesiones en el futuro hijo, daña la capa de ozono, mata y, lo peor de todo, engordas a Philip Morris.

ELLA.– No me olvides.

ÉL.– No me olvides.

ELLA.– No me olvides.

ÉL.– No me olvides.

ELLA.– No me olvides.

2.3. *Exterior de todos*

ÉL.– Vamos a hacer una encuesta: una votación.

ELLA.– La cuestión del referéndum es:

¿Qué debemos hacer con un niño negro que se está muriendo de hambre?

ÉL.– Opción uno: pegarle un tiro para que no sufra.

ELLA.– Opción dos: mandarle una prostituta para que no se muera sin saber lo que es el amor.

ÉL.– Opción tres: dárselo a una familia de clase media occidental para que lo lleve al McDonald's.

ELLA.– Opción cuatro: darle tres euros recaudados en campañas publicitarias de Navidad y que se arregle como pueda.

ÉL.– Nosotros mandamos.

ELLA.– Vivimos en una democracia porque la elegimos nosotros.

ÉL.– Y las bases de la democracia son: A) somos todos muy listos.

ELLA.– Y B) como somos muy listos, tenemos el derecho, pero también el deber, de decidir.

ÉL.– Así que estamos obligados a ser tolerantes y a tragar con lo que diga la mayoría.

ELLA.– Pues vamos a decidir; por mayoría.

ÉL.– Venga. Esto va a mano alzada. Cada uno puede opinar lo que quiera y decirlo públicamente.

ELLA.– Aunque lo que diga no sea democrático. Estamos en un país libre.

ÉL.– Expresémonos. Somos todos libres, ¿no?

ELLA.– Atención. Manos preparadas.

ÉL.– Votos por la opción uno: pegarle un tiro.

ELLA.– Resultado: x votos.

ÉL.– Opción dos: prostituta.

ELLA.– Resultado: x votos.

ÉL.– Opción tres: McDonald's.

ELLA.– Resultado: x votos.

ÉL.– Votos para la opción cuatro: tres euros.

ELLA.– Resultado: x votos.

(Si tiene que haber una manipulación para que gane la opción cuatro, mejor.)

ÉL.– Las abstenciones y los votos en blanco van para la mayoría.

ELLA.– Así que queda decidido, por mayoría absoluta, que ese niño no es ni una víctima, ni un ser humano, ni un inmigrante de lujo.

ÉL.– Ese niño es un mendigo que va a vivir de nuestras limosnas.

ELLA.– No hay reclamación posible porque se ha decidido democráticamente.

ÉL.– Así que no protestéis. Lo habéis decidido.

ELLA.– ¿No sois democráticos?

ÉL.– Pues a callar.

2.4. *Exterior de ELLA con ÉL*

ELLA baila con una taza de vino en la mano.
Entra ÉL con bolsas de supermercado.

ELLA.– ¡Buenas tardes!

ÉL.– Hola.

ELLA.– ¡Te invito!

ÉL.– ¿A qué?

ELLA.– ¡A mi fiesta! Toma, bebe.

ÉL.– Gracias.

ELLA.– Está muy rico.

ÉL.– Lo hice yo.

ELLA.– Es afrodisíaco.

ÉL.– ¿Sí?

ELLA.– Tus antepasados debieron ser todos unos tigres.

ÉL.– Ya.

ELLA.– ¡Venga, diviértete! ¿Quieres que te cuente un chiste?

ÉL.– No me gustan los chistes.

ELLA.– A mí tampoco pero hoy voy a contarte uno.
No tiene ni puta gracia, pero si no te ríes tampoco me voy a suicidar.
Esto es el Papa que va a Etiopía, ¿no?
Y ve que los niños están muy delgados.
Entonces les pregunta a los que van con él en la comitiva:
"Estos niños... ¿por qué están así?"
Y le responde uno:

"Porque no comen, santidad".

Y va el Papa, agarra a un negrito así de la mejilla y le dice: "Hay que comer".

ÉL.– He comprado carne.

ELLA.– ¿Bailas conmigo?

ÉL.– No sé.

ELLA.– Baila. ¡Venga! ¡Deja eso! ¿No ves la marcha que tengo? Agárrame y déjate llevar. ¡Suéltate! ¡Sigue la música! No seas aburrido. ¡Pásatelo bien!

ÉL.– No me sale.

ELLA.– ¿Cómo te puedes aburrir en mi fiesta? Yo me lo estoy pasando genial.

ÉL.– No estoy muy animado.

ELLA.– Pues anímate. ¿No te gusta la música?

ÉL.– Está bien.

ELLA.– Es de Mozambique.

ÉL.– Ya.

ELLA.– ¡Mírame!

(Se saca algo de ropa.)

¿Estoy guapa así?

ÉL.– Mucho.

ELLA.– ¿Y qué más?

ÉL.– Estás impresionante.

ELLA.– ¿No te excito?

ÉL.– Claro.

ELLA.– Cualquier tío que me viese así estaría empalmado al momento.

ÉL.– Seguro.

ELLA.– Pero tú no.

ÉL.– Yo ya te he visto muchas veces.

ELLA.– ¿No despierto ninguna atracción en ti?

ÉL.– Si lo intentas a propósito no.

ELLA.– ¿Entonces qué tengo que hacer?

ÉL.– No hay nada que tengas que hacer.

ELLA.– Voy a meter esto en la nevera que se va a perder.

ÉL.– Ya está perdido, todo perdido.

ELLA.– ¿Qué?

ÉL.– Estás despedida.

ELLA.– No se me ha acabado el contrato.

ÉL.– Me importa una mierda el contrato. Tienes que irte.

ELLA.– ¿A dónde?

ÉL.– ¿A Mozambique?

ELLA.– ¿Por qué?

ÉL.– ¿No querías convertirte en una heroína?

ELLA.– Yo te quiero. Quiero estar contigo.

ÉL.– No te puedo pagar.

ELLA.– Pensaba que no era necesario hablar nada.

ÉL.– Esto se acabó.

ELLA.– ¿Qué pasa, hostia? ¿Qué pasa?

ÉL.– *(Le da una carta.)* Esto.

ELLA.– *(La lee.)* ¿Un parque eólico?
     ¿Aquí?

3ª parte.- El Viento

3.1. *Interior de ÉL*

ÉL.– Los vecinos de ahí al lado tenían muchos gatos.

Gatos negros y gatas negras.

Tenían por lo menos cincuenta gatos y cincuenta gatas que no paraban de parir y multiplicarse.

Todos negros y todas negras.

Mi padre enterraba vivas las crías negras de los gatos negros y de las gatas negras.

Es por su bien, para que no sufran, porque no tienen comida y van a pasar hambre. No llores. Les estamos haciendo un favor.

Un día pillamos una camada de gatos negros y gatas negras recién nacidas.

Su mamá se ha ido.

Mis padres no están.

Los gatitos negros tienen hambre. Están sufriendo.

Todavía tienen los ojos cerrados.

Aquel cabrón coge uno y lo mete en un agujero en el suelo. No para de maullar.

El cabrón le echa tierra encima hasta que se calle.

Los otros se ríen.

Yo me río también.

Los gatitos negros no paran de maullar.

Otro cabrón coge uno y lo lanza contra el muro de piedra.

Al estrellarse deja un dibujo rojo sobre el granito.

¡Parece el mapa de España!

Todos ríen y aplauden.

Ahora te toca a ti.

Venga, cagón. Es por su bien.

No, contra la pared no.

¿Tienes miedo, cagón?

El gato negro es tan pequeñito que cabe en mi mano.

Grita en mi mano.

Está caliente, siento latir su corazón.

Lo siento temblar en el calor de mi mano.

¿No te atreves a hacerle ese favor al pobre gato, cagón?

Su madre lo ha abandonado.

El gatito se retuerce en el sudor de mi mano.

De pronto, abre los ojos y me mira.

¡Hostia! Me mira a la cara.

Tiene los ojos negros.

No me mires, cabrón.

Venga, cagón, aún no se ha muerto.

El gatito negro se retuerce en el suelo.

No me mires así.

Tírale una piedra.

No me mires, cabrón.

Vamos, tírasela.

¡Toma!

Todos ríen y aplauden.

Cierra los ojos, cabrón. No me mires.

Tírale otra.

¡Toma! ¡Toma! No sufras más. ¡Toma! Es por tu bien.

Todos ríen y aplauden.

Mirad como sangra.

Son cosas de niños. No tienen importancia.

¡Toma! ¡Toma!

No me mires así. Yo no soy Dios.

¡Toma! ¡Toma!

Muy bien, cagón, lo has destrozado.

¡Toma! ¡Toma! ¡Toma!

No te veo.

¿Dónde tienes los ojos, cabrón?

Ya no eres un cagón, no llores.

¡Toma! ¡Toma!

Yo no estoy llorando.

¡Toma! ¡Toma! ¡Toma! ¡Toma!

No estoy llorando.

No estoy llorando.

3.2. *Exterior noche*

ELLA.– ¿Por qué no acabamos de hacer el vino?

ÉL.– ¿Para qué?

ELLA.– ¿Puedo ayudarte en algo? Llevo años dedicándome a ayudar. Soy especialista.

ÉL.– Ponme otra taza. A ver si terminamos todo el que queda en la bodega. Más no podemos hacer.

ELLA.– ¡Mira!

ÉL.– ¿Qué?

ELLA.– Allí.

ÉL.– ¿Dónde?

ELLA.– Allí.
Fíjate bien.

ÉL.– No veo nada.

ELLA.– Donde están todas aquéllas.

ÉL.– ¿Qué?

ELLA.– ¿No ves una luz?

ÉL.– No.

ELLA.– Donde se agrupan en forma de mano.

ÉL.– Sí.

ELLA.– Pues en el centro hay una luz.

ÉL.– Ya.

ELLA.– Una luz azul.

ÉL.– ¿Azul?

ELLA.– Cada vez es más grande.

ÉL.– Pues no la veo.

ELLA.– Ya no se ve la mano.

ÉL.– ¿Qué te pasa?

ELLA.– Se está acercando. ¡Cuidado!

ÉL.– ¿Estás bien?

ELLA.– ¡Aaaaaaaahhhhhh!

Acaba de atraparnos y lanzarnos al espacio. ¡Aaaaahhhh!

¿Ves ahora aquellas de allí? Allí está la Tierra.

¿Ves lo fácil que es estar lejos?

ÉL.– Muy fácil.

ELLA.– Desde aquí también se ven muy bien las estrellas.

ÉL.– Sí, pero son otras.

ELLA.– Las estrellas son las mismas. Eres tú el que es otro.

ÉL.– No quiero ser otro. Ni puedo.

ELLA.– ¿No llevas toda la vida queriendo ser otro?

¿No eres un experto en huir?

A la mierda el vino. Si tenemos que irnos de aquí, vámonos ya.

ÉL.– ¿A dónde?

ELLA.– A África.

ÉL.– Mira, tú sabes que el cerebro humano se divide en dos hemisferios, ¿no? El hemisferio izquierdo se asocia con el pensamiento lógico, con el razonamiento práctico. Por otro lado, el hemisferio derecho se encarga de los comportamientos intuitivos, irracionales, dominados por impulsos emocionales. Pues bien, tú tienes un problema de lateralización. Tienes el hemisferio izquierdo atrofiado. No te funciona. Quien rige todo lo que haces es el hemisferio derecho.

ELLA.– ¿Qué problema hay en dejarse llevar por los impulsos emocionales? Hay que tratar de ser lo más feliz posible el poco tiempo que estamos aquí.

ÉL.– No me compensa.

ELLA.– Mira, mi cerebro tiene cinco hemisferios: uno verde, uno azul, uno rojo, uno amarillo y uno blanco. Muchas veces necesito funcionar con el blanco para que todo me resulte indiferente. No sirve para vivir, pero es útil para trabajar, o para aguantar a la familia, porque es lo que se dice estar con la mente en blanco. Cuando estoy contigo, me funcionan todos los hemisferios juntos, dominan mi cuerpo de arriba abajo y me pongo como una moto. Es como si saliera el arcoíris, porque flipo en colores y pinto la vida con los tonos que más me gustan. Puedo jugar al parchís en mi cerebro: como una, cuento veinte y tiro porque me toca. Así es como me funcionan a mí los hemisferios. Y no me apetece nada atrofiarme, que -perdona que te lo diga- es justamente lo que te pasa a ti. No te va ni el izquierdo ni el derecho; vas a empezar a echar humo por el occipucio.

3.3. *Exterior día*

ELLA.– Hay lugares donde los niños son obligados a luchar por un mundo mejor. Les ponen un arma en la mano, les enseñan a disparar, a violar a las mujeres. Para nosotros, es una suerte poder decidir. Un día decidiste huir de todo, pero ahora puedes... podemos luchar por cambiar algo de ese todo.

ÉL.– No me voy a meter en una guerra si no estoy seguro de que tengo alguna opción de ganar.

ELLA.– Eso es miedo. Es cobardía.

ÉL.– Es táctica. Para ir a una guerra, hay que saber cuál es el enemigo.

ELLA.– Si vas al campo de batalla, descubrirás enemigos por todas partes.

ÉL.– Ésos no son el verdadero enemigo.

ELLA.– Defiéndete. Si no quieres irte, defiende lo que es tuyo. Yo estoy contigo.

ÉL.– *(Le da un cóctel molotov a ELLA.)*

Toma. Empieza a matar malos.

ELLA.– Ésta no es la manera.

ÉL.– No hay otra. Si quieres pagar el precio, adelante.

ELLA.– Nunca comprenderé la violencia.

ÉL.– ¿Quién es el violento? ¿Dónde nace la violencia? ¿A quién le extraña que una persona llegue a la conclusión de que lo único que le queda es poner una bomba? Agarrar un arma y matar a quien haga falta para defenderse. Por sobrevivir, ¿no hacemos lo que sea? Por un hijo, ¿no hacemos lo que sea? Ante la indefensión extrema, ¿qué nos queda? Ante la injusticia extrema, ¿qué nos queda?

3.4. *Interior de* ELLA

ELLA.– No soy auténtica.

Hay algo que no acaba de funcionar.

No soy más que una buena chica que cambia de color.

No se murieron mis padres cuando era pequeña.

No tengo el SIDA.

No soy lesbiana ni bisexual.

Nunca fui a la India sin dinero.

Nunca he intentado suicidarme. Nunca he tenido un motivo.

Nunca he matado a nadie.

Falsa. Eso es lo que soy: falsa.

Pero ya no puedo esperar.

No quiero ponerme triste viendo edificios.

Cada ventana es una persona más.

Comer, dormir, desplazarse, trabajar.

Follar: más ventanas.

Yo no soy una víctima.

No quiero convertirme en cómplice de mis enemigos.

No quiero placebos.

No quiero masoquismo.

No quiero populismo conmigo misma.

Que le den a la gente auténtica.

3.5. *Exterior noche*

ÉL.– Hoy no se ven las estrellas.

ELLA.– Llega con saber que están ahí.

ÉL.– A ellas no les importa que las nubes las estén cubriendo para nosotros.

ELLA.– Estarán ahí detrás, tan tranquilas.

ÉL.– ¿Y tú qué sabes si están tranquilas?

ELLA.– No sé por qué, pero no puedo evitar sentirme culpable.

ÉL.– ¿La última?

ELLA.– Venga.

¿Tú cómo estás?

ÉL.– Es como una casa en ruinas.

Una casa que se cae.

Me empeño en que se aguante de pie.

Pongo parches por un lado y por otro: por donde más lluvia entra pongo un tapón.

Pero está hecha una mierda, hace mucho frío.

ELLA.– ¿Y no será mejor dejarla caer?

A la mierda esta casa. Podemos construir una mejor en la que vivir los dos.

ÉL.– Ésa es la cuestión: hacer una mejor.

ELLA.– También podemos no hacer nada.

Sólo echarnos a andar.

Irnos al monte.

Resguardarnos debajo de las piedras.

ÉL.– Quítate esa cara de buena persona.

3.6. *Interior de ELLA*

ELLA.– Me desperté un día y sólo vi hojas verdes.

Troncos de árboles, ramas, helechos.

Todo lleno de sangre.

Sangre roja por la tierra.

Por las raíces.

Flores amarillas goteando sangre.

Yo te sigo. Sigo corriendo. El olor a sangre no me detiene.

Siento el viento dándome en la cara.

Las ramas dándome en la cara.

Margaritas amarillas impregnadas de rojo dándome en la cara.

Sigo tus pasos seguros sobre la tierra roja.

Esquivando las piedras.

Esquivando la sangre.

Mis ojos mirando fijamente el verde y el rojo.

Clavados en las ramas movidas por el viento.

Oigo el crujido de los troncos movidos por el viento.

El rugido de algún animal.

Nuestras respiraciones.

Jadeamos.

El olor a sangre no nos detiene.

Saltamos sobre las piedras.

Seguimos.

Siempre hacia delante.

Seguimos.

FIN

Escena de *0'7% Molotov*,
obra escrita y dirigida por Santiago Cortegoso.
Teatro de Ningures, 2011.
(Foto: Diego Seixo).

Índice

Índice